73세인 나는 왜 도전을 멈추지 않는가?

73세인 **나는 왜
도전을 멈추지 않는가?**

김재윤 지음

두드림미디어

도전하기에 늦은 때는 없다.
지금 당장 도전하라

나의 첫 도전은 초등학교 졸업 직후였다. 가정 형편이 어려워 중학교 진학을 포기하고 시계 점포에서 일을 시작했을 때, 나는 일찌감치 깨달았다. 내 미래를 바꾸기 위해서는 도전이 필요하다는 것을. 그때 마주한 현실은 냉혹했지만, 그 속에서도 나는 배웠다.

시계 점포에서 청소하고 심부름하며 보낸 날들, 그 순간들은 내게 소중한 깨달음을 주었다. 시계의 초침이 끊임없이 흐르듯, 우리의 삶도 멈추지 않고 전진한다는 것을. 그리고 그 흐름 속에서 우리가 해야 할 일은 다음 순간을 위해 지금 한 걸음을 내딛는 것뿐이라는 사실을.

고입 검정고시 합격, 그리고 여수상고 수석 입학. 그것은 단순한 학업의 성취가 아닌, 내 인생의 방향을 완전히 바꾼 전환점이었다. 그때 나는 깨달았다. 우리의 한계를 정하는 것은 나이도, 환경도 아닌, 바로 우리의 마음가짐이라는 것을.

50세에 도전한 미국 공인회계사 자격, 56세에 딴 공인재무설계사 자격과 영어 강사, 60대에 손해평가사가 되기까지… 내가 걸어온 길은 늘 새로운 도전의 연속이었다. 때로는 실패의 쓴맛도 보았고, 좌절도 경험했다. 하지만 그 모든 순간이 내게는 값진 배움의 시간이 되어주었다. 나는 배웠다. 실패보다 더 두려운 것은 시도조차 하지 않는 것이라는 사실을. 그리고 도전 뒤의 실패가 오히려 나를 더 단단하게 만든다는 것을.

지금, 73세가 된 나는 여전히 꿈을 꾸고 있다. 법인영업 컨설턴트로서, 작가로서, 강사로서, 그리고 무엇보다 끊임없이 성장하는 한 사람의 인간으로서. 왜일까? 내가 깨달은 것은, 도전이야말로 우리가 살아 있음을 증명하는 가장 확실한 증거라는 것이다.

이 책을 읽고 읽는 당신에게 말하고 싶다. 나이는 숫자일 뿐, 환경은 장애물이 될 수 없다. 지금 이 순간이 바로 새로운 시작이 될 수 있다. 100세 시대를 살아가는 우리에게 50대, 60대는 결코 늦은 나이가 아니다. 오히려 그동안 쌓아온 경험과 지혜를 바탕으로 더 큰 도전을 시작할 황금기다.

이 책은 단순한 성공에 관한 이야기가 아니다. 이것은 우리가 가진 무한한 가능성에 관한 이야기다. 실패를 두려워하지 마라. 도전 자체가 이미 성공의 절반이다. 당신의 도전이 누군가에게는 희망이 되고, 용기가 될 수 있다.

　시계의 초침처럼, 우리의 삶도 끊임없이 움직인다. 그리고 매 순간이 새로운 시작이 될 수 있다. 지금 이 순간, 새로운 도전을 시작하라. 도전하기에 늦은 때는 없다. 지금 당장 도전하라.

　당신의 인생을 바꿀 새로운 장이 지금부터 시작된다.

김재윤

차례

PART 07. 도전의 달콤한 열매들

나는 왜
도전을 멈추지 않는가?

＊

여러 도전과 시련 속에서 성장해온 내 이야기를 나누고 싶다. 도전은 내 삶의 원동력이며, 그 과정에서 나는 나 자신을 끊임없이 시험하며 성장해왔다.

내 첫 번째 도전은 가난을 극복하는 것이었다. 어린 시절, 경제적 어려움은 큰 벽처럼 느껴졌지만, 그것을 극복해 나가며 나는 더 강한 사람이 되었다. 이 경험은 내 인생에서 중요한 교훈을 주었다. 어려움이 닥칠 때마다 그것을 이겨내는 힘은 도전에서 비롯된다는 사실을 깨닫게 되었다.

군대 시절에는 학업과 군 생활을 병행하는 도전에 맞섰다. 방송통신대학교에 등록해 학업을 이어나가면서도 군 생활의 책임을 다하는 것은 쉬운 일이 아니었다. 그러나 이 도전 역시 나를 더 강하게 만들었고, 한계를 뛰어넘는 방법을 배울 수 있었다.

특히, 부동산 사기로 전 재산을 잃었을 때의 경험은 큰 교훈을 남겼다. 하지만 나는 좌절하지 않았고 다시 일어서기 위해 부동산 공부를 시작했다. 그 실패는 내 한계를 또 한 번 시험하는 기회였다. 나는 공인중개사 자격증을 취득하고 꾸준히 배워나갔으며, 결국 재정적인 회복을 이루었다.

또한, 영업 문외한이었던 초기 지점장 시절도 잊을 수 없다. 영업은 매우 낯설고 두려운 영역이었다. 처음에는 매일같이 두려움과 맞서 싸워야 했다. 하지만 실패를 두려워하지 않고, 반복적인 시도와 끈기 있는 노력을 통해 사람들과 진정성 있는 관계를 형성하는 것이 성공의 열쇠라는 것을 깨달았다. 고객의 필요를 이해하고, 그에 맞는 솔루션을 제공하려는 마음이 중요하다는 것을 알게 되면서 영업에서도 성과를 낼 수 있었다.

50대에 도전한 미국 공인회계사 시험은 내 인생에서 또 하나의 큰 전환점이었다. 새로운 분야에 도전하는 것이 무모해 보일 수도 있었지만, 나는 이를 통해 다시 한번 내 한계를 넘어섰다. 실패와 어려움 속에서 얻은 배움과 성장은 나를 더 강하게 만들었고, 삶을 풍요롭게 해주었다.

도전은 단순히 목표를 달성하는 것을 넘어서, 나 자신을 끊임없이 성장하게 하고 새로운 가능성을 열어주는 원동력이 되어주었다.

도전은
나를 강하게 만든다

내 인생은 도전의 연속이었다. 그 도전들은 때로는 나를 두려움에 빠뜨렸고, 때로는 한 발짝도 내딛지 못하게 만들었다. 하지만 그 어려움들을 극복할 때마다 나는 더 강해졌다.

가난이라는 첫 번째 벽

나의 첫 번째 도전은 가난이라는 거대한 벽을 넘는 것이었다. 어린 시절, 우리 가정은 경제적으로 매우 어려웠다. 초등학교 시절에는 먹을 것이 없어 가족이 함께 3일간 굶기도 했고, 형은 영양실조로 길거리에서 쓰러지는 일이 잦았다. 그런 상황에서도 병원에 가는 것은 생각할 수 없는 처지였다.

중학교 진학은 꿈도 꿀 수 없었고, 시계 점포에서 하루하루를 보냈다. 또래 친구들이 교복을 입고 학교에 가는 모습을 보며, 나는 인생에서 낙오하고 있다는 막막함을 느꼈다. 또한 일이 끝난 후 야간 중학교에 보내주겠다는 사장의 약속은 지켜지지 않았다. 그때의 어린 마음에도 '이대로 주저앉을 수는 없다. 반드시 내 힘으로 일어서야겠다'라는 결심이 생겼다.

고입 검정고시 준비와 첫 성공의 경험

얼마 후 시계 점포를 그만두었다. 아버지의 만류에도 내 결심은 흔들리지 않았다. 대신 돈을 벌어야 했기에 새벽과 저녁에는 신문을 배달했다. 여름에는 아이스께끼(아이스크림) 장사를 하며 거리마다 뛰어다녔다. 신문 배달과 아이스께끼 장사를 하면서도 틈틈이 영어단어를 암기했다. 가끔 "신문이요" 대신에 "엄브렐러(umbrella, 우산)" 등의 단어가 튀어나오기도 했다. 낮에는 시립도서관에 가서 고입 검정고시를 준비했다. 영어와 수학은 낯설었지만, 도서관에서 만난 형들의 도움으로 하나씩 공부해 나갔다. 몸은 지쳤지만, 내일을 꿈꾸며 공부할 수 있다는 사실만으로도 힘이 났다.

초등학교 시절에는 공부에 대한 의지나 열정도 없었지만, 검정고시를 준비하면서 내게는 공부 외에 다른 선택지가 없다는 것을 깨닫게 되었다. 그래서 더 열심히, 더 집요하게 공부했다. 환경이 나를 변화시켰고, 차츰 공부하는 즐거움을 알게 해주었다. 2년의 노력 끝에 나는 검정고시에 합격했고, 여수상고에 지원해 수석으로 입학하게 되었다. 이 소식은 지역 신문과 방송에 보도되었고, 그때 처음으로 나는 자신감을 얻게 되었다.

은행 입사 준비와 또 다른 도전

하지만 가정 형편은 더 어려워졌다. 주간 학교에 다니며 공부만 할 수 있는 상황이 아니었다. 결국 고등학교 2학년 때 나는 야간 학교로 옮기고, 가정교사를 하며 은행 입사 시험을 준비해야 했다. 당시 은행원은 매우 인기 있는 직업이었고, 특히 상업고등학교 졸업생들에게는 선망의 대상이었다. 그러나 야간 학교로 옮긴 뒤 많은 후회를 하게 되었다. 1960년대의 야간 학교는 열악했고, 대부분 졸업장을 위해 다니는 학생들이었다. 은행 입사 시험을 준비하는 친구도 없었고, 수업 도중 자주 정전이 되어 학업에 집중하기도 어려웠다. 오로지 혼자 공부할 수밖에 없는 고독한 싸움이었다. 소경이 어두운 길을 더듬거리며 가는 심정이었다.

그때까지 야간 학교 학생 중 은행에 합격한 사례는 전무했기에 주위의 기대는 낮았고, 나 역시 불안했다. 은행 입사 시험에 대한 정확한 정보도 없이 혼자 공부했고, 어느 은행에 지원해야 할지조차 몰랐다. 그렇게 무턱대고 기업은행에 지원했고, 숨죽이며 결과를 기다렸는데 다행히 합격 통지를 받았다. 그 순간의 기쁨은 이루 말할 수 없었다. 입행 이후로는 우리 가정은 내일을 걱정하며 살아가야 했던 가난의 굴레에서 벗어날 수 있었다. 2살 아래 동생도 고입 검정고시와 야간 여수상고를 과정을 거쳤으나, 그 아래 두 동생들은 정상적인 중학교와 고등학교 교육을 받을 수 있었다.

당시 여수상고에서 은행 시험에 합격하는 학생은 매년 1~2명에 불과했다. 그런데 1년 선배들은 20여 명이 지원했는데 7명이나 합격했다. 예상치 못한 많은 합격 소식에 너도나도 은행원이 되겠다고 몰려들었다. 은행반이 새로 생기고 합숙까지 하며 준비했다. 그러나 내가 지원할 당시 50, 60여 명이 지원했지만, 겨우 3명만 합격했다. 기대와는 달리 초라한 결과였다.

부동산 사기로 전 재산 상실

은행에 입사하고 7년이 지난 뒤, 고등학교 동창이자 국민은행에 다니던 아내를 만나 결혼하게 되었다. 결혼 후 우리 부부의 생활은 순조롭게 흘러갔다. 아내 퇴직금과 은행 대출을 받아 화곡동 하천 옆의 작은 주택을 샀는데, 몇 년 뒤 하천이 복개되면서 집값이 급

둥했다. 30대 초반에 나는 목동 아파트 40, 50평대를 살 수 있는 돈을 벌게 되었다. 경제적 여유가 생기자 마음껏 공부하고 싶어졌다. 그래서 야간대학인 국제대학에 편입학했고, 대학원까지 졸업했다. 서울대학교에 위탁해 몇 개월에 한 번 치러지는 영어 시험에도 응시해 1등을 했다. 1등에게는 해외 파견 근무의 기회가 주어졌고, 1982년 꿈에 그리던 뉴욕 월가의 시티뱅크에서 3개월간 파견 근무할 수 있었다.

그러나 행운은 오래가지 않았다. 1988년, 부동산 사기에 휘말려 순식간에 전 재산을 잃었다. 단독주택을 처분하고 아파트를 마련하려 부동산 중개사무소를 찾았는데, 구형 아파트 대신 새롭게 인기를 끌고 있던 조합주택을 매수하라는 권유를 받았다. 조합주택에 대한 정보가 부족했던 나는 공인중개사의 말만 믿고 소위 '딱지'를 구입했다. 하지만 안타깝게도 그 딱지는 이미 부도가 난 상태였다. 하루아침에 63평 단독주택에서 13평 빌라로 이사해야 했다. 막내아들을 낳은 지 얼마 되지 않은 때였다. 다섯 식구가 두 칸짜리 작은 집에서 살아야 하는 현실을 받아들이기가 어려웠다. 매일 밤 악몽에 시달렸다. 자살 충동도 느꼈다. 내가 쌓아 올린 모든 것이 한순간에 무너져 내렸고, 끝없는 절망 속에서 길을 잃은 기분이었다.

그 후 손해를 만회하려 사채를 빌려 투자에 손을 댔지만, 오히려 큰 손해를 보았다. 사채 이자는 눈덩이처럼 불어났고, 뜬눈으로 밤을 새우는 날이 많았다. 카드 돌려막기도 하며 어렵게 하루하루를 살아가던 중, 건설회사에 다니던 동생이 사채를 갚도록 돈을 빌려주어 그 후로는 사채의 악몽에서 벗어날 수 있었다. 집을 담보로 대출받으면서까지 흔쾌히 도와주었던 동생과 제수씨께 감사의 마음을 전한다. 퇴직금을 중간 정산 받아 부채를 정리하기까지의 13년 동안은, 그야말로 매일매일이 지옥 같았다.

　어려움 속에서도 나를 지탱해준 것은 가족이었다. 특히 최악의 상황에서도 원망 대신 격려를 보내준 아내의 존재는 내가 다시 일어설 힘이 되었다. 그리고 그 힘으로 나는 계속해서 도전할 수 있었다. 그 당시 눈 오는 날에도, 버스비가 없어 몇 정거장을 걸어 다녀야 했던 아내와 아이들을 떠올리면 지금도 한없이 미안하다. 또한 내 가정 형편이 어려울 때마다 큰 도움을 주었던 목사인 막냇동생과 제수씨, 학원을 운영하던 여동생 부부, 그리고 처제 부부의 도움도 내게 큰 힘이 되었다. 가족은 언제나 내 곁에서 나를 지지해주었고, 그 사랑과 배려는 내가 깊은 절망 속에서도 다시 일어설 힘이 되어 주었다.

　사채 문제가 해결되고 어느 정도 마음의 안정을 되찾자, 나는 다시 학업에 전념하고 싶다는 강한 열망이 들었다. 모든 것을 뒤로하고 새롭게 시작하고 싶었다. 석사과정까지 마쳤으니 박사학위에 도전해보고자 했다. 그래서 카이스트 경영대학 홍릉 캠퍼스 박사과정에 지원했다. 1차 필기시험은 무사히 통과했지만, 2차 면접에서 결국 고배를 마셨다. 그때 면접 교수님께서 하신 말씀이 아직도 내 마음에 깊이 남아 있다. 교수님은 조심스럽게 말씀하셨다.

"김재윤 님의 입지전적인 여정은 높이 평가합니다. 하지만 야간 고등학교, 야간대학교, 야간대학원을 졸업한 배경으로는 카이스트의 박사과정을 따라가기에 벅찰 겁니다."

나는 간절한 마음을 담아 이야기했다.
"교수님. 한번 기회를 주시면 기대에 어긋나지 않도록 잘하겠습니다. 도와주십시오."

하지만 결국은 불합격을 통보받아야 했다.

부동산 공부와 재기

하루아침에 전 재산을 잃은 지 한참 지나고 나서야 부동산 공부를 시작했다. 부동산으로 다시 일어서기 위해서였다. 그래서 공인중개사 자격증을 취득하고 꾸준히 월간지 등을 구독하며 배워나 갔다. 퇴직금을 투자해 잃은 것을 되찾으려 했다. 당시 부천에서 살고 있었는데, 결국 서울이 답이라는 결론에 이르렀다. 그래서 아내와 함께 서울 여러 곳을 살펴보았고, 지금 사는 목동 등촌역 부근의 다가구주택을 구입했다. 9호선이 개통되자, 그 가치는 크게 상승했다. 부천의 집보다 3~4배는 오른 것 같다. 그 덕분에 지금은 재정적으로 많이 회복된 상태다.

어려움을 극복하는 과정에서 나는 깨달았다. 어떤 역경에도 굴하지 않고 끊임없이 도전하는 것이 인생을 살아가는 가장 큰 힘이라는 것을. 도전은 단순히 목표를 달성하는 것 이상의 의미를 지닌다. 자신의 한계를 넘어서는 경험, 새로운 가능성을 발견하는 기쁨, 그리고 삶의 의미를 찾는 과정이 바로 도전의 가치다. 그래서 나는 도전을 멈출 수 없다. 도전은 내 삶의 원동력이자, 내가 존재하는 이유다.

가난이 내게 준 유익

나는 어린 시절부터 가난 속에서 자라며, 오랫동안 그로 인한 어려움을 견뎌야 했다. 가난을 부끄러워하기도 했고, 때로는 아버지를 원망하기도 했다. 하지만 시간이 흐르면서 가난이 단순히 나를 억누르는 불행한 조건이 아니었다는 것을 깨닫게 되었다. 가난은 오히려 삶에서 가장 큰 스승이 되었고, 나를 인간적으로 깊어지게 만들었다.

가난은 나에게 강한 동기를 부여했다. 더 나은 삶을 위해 끊임없이 도전하고 노력할 수밖에 없었다. 가난이 아니었다면, 나는 현재의 자리까지 오기 위해 그토록 열심히 노력하지 않았을지도 모른다. 고통은 성장을 위한 필수 요소라고들 하지만, 나의 경우 가난이라는 고통이 바로 나를 단련시키는 수단이었던 것이다. 가난을 벗어나기 위해 더 많은 지식과 기술을 습득했고, 더 나은 기회를 얻기 위해 끊임없이 문을 두드렸다.

가난은 나에게 공감 능력을 키워 주었다. 같은 어려움을 겪는 사람들의 고통을 깊이 이해할 수 있게 되었다. 가난이 나를 인간적으로 더욱 깊어지게 한 것이다. 또한, 물질적 풍요가 인생의 목표가 될 수 없다는 것도 깨닫게 되었다. 풍족한 삶이 주는 편안함도 중요하지만, 인간의 진정한 가치는 그가 무엇을 소유했느냐가 아니라 어떤 사람이 되었느냐에 달려 있다는 것을 알게 되었다.

더 나아가, 가난은 내가 하나님의 은혜를 깨닫게 하는 중요한 계기가 되었다. 만약 내가 풍족하고 부족함이 없었다면, 나는 그 귀한 은혜를 찾으려고 하지 않았을 것이다. 어려운 상황 속에서 나는 내 힘으로만 살아갈 수 없다는 것을 깨달았고, 하나님의 인도와 도우심을 간절히 구하게 되었다. 가난은 내가 더 겸손해지게 만들었고, 그 과정에서 하나님의 사랑과 은혜를 경험하게 되었다.

결국, 가난은 나의 인생에서 불행한 조건이 아니라 내가 성장하고 발전하게 만든 힘이었다. 그것을 통해 나는 자신을 더 잘 이해하게 되었고, 더 나은 미래를 위해 끊임없이 노력하는 사람으로 변모했다. 가난을 벗어나기 위해 치열하게 살아왔던 날들이 지금의 나를 만들어준 것이다. 그렇기에 나는 이제 가난도, 아버지도 원망하지 않는다. 오히려 나의 위대한 스승으로 여기며 감사하고 있다.

도전하면
나의 한계를 넘어설 수 있다

　가난한 집에서 태어나 하루하루 생존이 어려웠던 시절, 나는 경제적인 어려움 속에서도 좌절하지 않고 새로운 길을 찾으려 애썼다. 힘든 환경은 끊임없이 나를 시험했지만, 그 과정에서 나는 스스로를 단련하며 성장할 수 있었다. 여수상고에 수석으로 입학한 것은 내게 큰 자부심과 자신감을 심어주었고, 그때 처음으로 내 안에 숨겨진 잠재력을 발견하게 되었다. 그 순간부터 도전은 내 삶의 중요한 키워드가 되었다.

　어린 시절에는 '도전'이라는 단어의 의미를 깊이 알지 못했지만, 여수상고 입학을 통해 그 의미를 조금씩 깨닫기 시작했다. 무엇보다 도전은 내 한계를 넘어설 수 있는 유일한 길이라는 것을 알게 되었다. 그 이후로 스스로 끊임없이 시험하고, 매 순간 더 나은 나로 거듭나기 위해 노력했다. 이 과정을 통해 도전이 단지 성취의 수단이 아니라, 나 자신의 한계를 확장하는 가장 중요한 도구라는 것을 깨닫게 되었다.

군대에서의 도전 - 나 자신과의 싸움

1973년, 군에 입대하면서 나는 그곳에서 무엇인가를 이루고 싶었다. 특히 대학 진학의 꿈은 간절했다. 마침 방송통신대학교가 설립되어 학업을 병행할 수 있는 기회가 주어졌다. 이것은 절호의 기회였고, 나는 이 기회를 놓치고 싶지 않아 방송통신대학교에 바로 입학했다. 그러나 군대라는 환경 속에서 학업을 병행하는 것은 생각했던 것보다 훨씬 더 어려웠다. 문제는 공부 시간을 확보하는 것이었다. 그래서 새벽 2시부터 4시까지 보초 근무를 자원했고, 보초가 끝나면 4시부터 6시까지 공부에 매진했다. 하루 4시간만 잠을 자며 학업과 군 생활을 병행했다.

잠이 많았던 내게 이 과정은 매우 힘들었지만, 군인 정신으로 극복해 나갔다. 처음에는 군대 생활에 적응하고 공부하느라 정신없었지만, 시간이 지나면서 차츰 적응할 수 있었다. 도전은 언제나 내 정신력과 신체를 시험하는 과정이었지만, 포기하지 않았다. 목표를 이룰 수 있다는 믿음이 나를 지탱해주었다.

방송통신대학교의 수업은 출석과 시험이 필수였다. 열심히 공부해도 출석하지 않으면 학점을 받을 수 없었다. 한번은 출석 수업 기간에 부대 사정으로 수업에 참석할 수 없게 되었고, 처음에는 출석을 포기하려고 했다. 그러나 6개월의 노력을 허사로 돌릴 수 없다는 생각에 초조해졌다. 결국 나는 외출 허가 없이 몰래 수업에 참석했다. 그 결과 헌병대에 끌려가, 하루 동안 영창에 갇히는 경험을 했다. 부끄러운 기억이지만, 절박했던 그때의 마음은 여전히 선명하다.

제대 말년, 내무반장으로서 10km 단독군장 검열을 치러야 하는 상황에 직면했다. 그때 나는 감기에 걸려 약을 먹고 있었고, 몸 상태가 좋지 않아 검열 제외를 요청했지만 받아들여지지 않았다. 결국, 죽을힘을 다해 10km를 달렸다. 거의 끝에 다다랐을 때 긴장이 풀리며 그대로 쓰러졌다. 의무대로 이송되어 치료받은 후에야 겨우 정신을 차릴 수 있었다. 며칠 후 내무반으로 복귀했지만, 계속 머리가 조여 오는 듯한 통증에 시달렸고, 특히 밤마다 고함을 지를 정도였다. 더 큰 문제는 기억력이었다. 방금 일어난 일조차 기억하지 못할 정도로 기억력이 급격히 나빠졌다. 심지어 "너의 이름이 뭐냐?"라는 질문에도 답하기 어려웠다. 당시 최불암, 김혜자 같은 유명 배우들의 이름도 기억해내기 어려웠다. 얼굴은 눈에 익었지만, 그들의 이름이 떠오르지 않았다.

이런 상태에서 출석 수업이 다가왔다. 책 한 줄을 읽고도 그다음 줄을 읽으면 앞 내용을 기억할 수 없을 만큼 집중이 어려웠다. 머릿속이 텅 빈 듯한 그런 느낌이었다. 다행히 시간이 흐르면서 조금씩 회복되었고, 나는 최선을 다해 학업에 매진했다. 비록 만족스러운 성적은 아니었지만, 학점을 얻는 데 성공했다. 이 경험은 나를 더욱 강인하게 만들었고, 앞으로의 도전에 대한 의지를 다지게 했다.

군 복무 중 나는 당시 2년제였던 방송통신대학교를 졸업하는 성과를 이루었다. 이어서 학사 편입시험에 도전해 합격의 기쁨도 누렸다. 제대 후에는 성균관대학교 야간 법대 편입시험에 지원했다. 법을 공부하고 싶다는 열망이 컸기에 도전했지만, 시험은 예상보다 어려웠다. 특히 국어 시험에서 큰 어려움을 겪었고, 시험이 끝난 후 불합격을 직감했다. 비록 법대에서 법을 공부하겠다는 꿈은 이루지 못했지만, 실패의 순간에도 포기하지 않고 앞으로 나아가는 법을 배운 것이다. 이 도전은 내게 많은 것을 가르쳐주었다.

결혼 후 30대 초반, 대리 시절에 뜻밖의 부동산 급등으로 큰돈을 얻게 되었다. 오랫동안 바라던 것들이 이루어졌지만, 예상치 못한 공허감이 밀려왔다. 목표가 사라지자 열정도 함께 사라졌고, 이렇게 무기력해질 수 있다는 사실에 스스로 놀랐다. 다시금 이전처럼 열정적으로 살고 싶다는 간절한 마음이 생겼고, 며칠을 고민한 끝에 군고구마 장사를 시작하기로 결심했다.

겨울 새벽 찬바람을 맞으며 고구마 도매 시장을 누볐다. 고구마를 사오면 아내가 깨끗이 씻어 두었고, 은행 업무가 끝난 저녁에는 포장마차에서 밤 11시까지 고구마를 구워 팔았다. 처음에는 고구마를 제대로 굽는 것조차 어려웠다. 고루 익히지 못하고 자주 태우기 일쑤였고, 손님은 예상보다 적었다. 그래서 한가한 시간에는 그동안 잊고 있었던 편입시험 공부를 시작했다. 새벽 시장을 누비며 치열하게 살아가는 사람들을 보면서, 그리고 공부하면서 잃었던 열정이 서서히 다시 살아나는 것을 느낄 수 있었다.

그 결과 얼마 후 국제대학교 경제학부에 편입해 경제학을 공부하며 또 하나의 꿈을 이룰 수 있었다. 비록 처음 꿈꾸던 법학 공부는 이루지 못했지만, 새로운 도전은 다른 길을 열어주었고, 그 길은 삶을 훨씬 더 풍부하게 만들어주었다.

미국 공인회계사 시험 - 50대의 새로운 도전

50세에 도전한 미국 공인회계사(AICPA) 시험은 또 다른 큰 도전이었다. 새로운 분야에 도전하는 것이 무모해 보일 수도 있었지만, 나는 이를 통해 나의 한계를 다시 한번 뛰어넘고자 했다.

1997년, IMF 외환위기 당시에 지점장으로 첫 발령을 받았다. 하지만 영업에 문외한이었던 나는 지점의 실적 악화로 큰 스트레스와 두려움에 시달렸다. 매일 두려움과의 싸움이었다. 실적이 나쁘면 권고사직은 불가피했고, 그때부터 퇴직 후의 삶을 진지하게 고민하기 시작했다. 그래서 나는 미국 공인회계사 시험에 도전하기로 결심했다. 당시 50세의 나이에, 나는 미국에서 새로운 기회를 찾아보기로 한 것이다.

낮에는 지점장으로서 일하고, 밤에는 은행 부근의 고시원에서 공부하는 생활이 시작되었다. 출퇴근 시간을 아끼기 위해 고시원에서 지내며 하루 7~8시간씩 공부했다. 퇴근 후 7시부터 새벽 2시까지, 그리고 새벽 6시부터 8시까지 공부했다. 잠은 4시간만 자는 고된 일상이 이어졌다. 처음에는 잠이 부족해 고객과 대화를 나누다 졸음이 몰려왔지만, 그럴수록 더 이를 악물고 견뎠다. 그렇게 2년간 주경야독해 합격의 기쁨을 누릴 수 있었다.

합격의 기쁨은 단순히 자격증을 얻는 데서 그치지 않았다. 그것은 나 자신을 극복하고, 한계를 넘기 위해 쏟아부은 모든 노력이 보상받는 순간이었다. 미국 공인회계사 합격은 내 삶의 새로운 전환점이었고, 도전이야말로 인간이 자신의 한계를 뛰어넘을 수 있는 가장 강력한 도구라는 사실을 다시 한번 깨닫게 해주었다.

도전은 언제나 쉽지 않다. 때로는 실패하고, 좌절하며, 모든 것을 포기하고 싶어지기도 한다. 하지만 진정한 성장은 그 고비를 넘어설 때 찾아온다. 도전은 우리의 한계를 넓히고 성장할 수 있는 유일한 길이다. 도전은 나를 더 큰 성취로 이끌었고, 나의 삶을 더욱 풍요롭게 만들어주었다. 도전이 없었다면, 나는 결코 한계를 넘어설 수 없었을 것이다. 도전은 나를 더 강하게 만들었고, 내 삶을 끊임없이 앞으로 나아가게 했다.

'인생에서 가장 위대한 영광은 결코 넘어지지 않는 것이 아니라, 매번 넘어질 때마다 다시 일어서는 것이다'라는 말처럼, 도전은 나를 더 큰 성취로 이끌고 나의 삶을 풍요롭게 만들어주었다.

나의 형 이야기

형은 언제나 한계를 뛰어넘는 사람이었다. 형이 초등학교 6학년 때, 우리 가족은 집을 철거당하고, 남의 보리밭 한 귀퉁이에 판잣집을 옮겨 놓을 수밖에 없었다. 주인에게 사정사정한 끝에 겨우 자리를 마련했지만, 무거운 물건을 나르는 목도꾼들이 옮겨준 집은 온전한 집이 아니었다. 보리밭 위에 가마니를 깔고 지냈고, 저녁이 되면 바람이 판자 사이로 들어와, 호롱불을 꺼뜨리기 일쑤였다. 입시를 앞두고 호롱불 밑에서 공부하던 형은 종종 남몰래 눈물을 흘렸다. 게다가 굶주림이 일상이었고, 그로 인해 형은 여러 번 학교 오가는 길에 쓰러지기도 했다.

그러나 그런 악조건 속에서도 형은 중학교에 장학금을 받고 입학했다. 계절이 바뀔 때마다 형은 제때 교복을 바꿔 입지 못했는데, 그런 형의 사정을 아시고 교감 선생님께서 직접 교복을 맞춰 주시기도 했다. 하지만 형은 이를 감사하면서도 매우 수치스러워했다. 중학교 졸업 후, 형은 대입 검정고시를 준비하며 문학을 독학했다. 그 노력 끝에 학원문학상 소설 부문에서 호남 최초로 특선을 받는 영예를 얻기도 했다.

그러던 어느 날, 형은 평행봉 연습 중에 땅에 떨어져 뇌를 크게 다치는 사고를 겪었다. 하지만 이 상황에서도 형편이 어려워 병원에도 가지 못한 채 집에서 누워 지낼 수밖에 없었다. 그 사고로 형은 무려 10년의 세월을 허비해야 했다. 그 시간 동안 형은 책을 읽을 수도 없었고, 때로는 미친 사람처럼 행동하기도 했다. 그때의 형을 지켜보던 우리 가족은 깊은 슬픔에 빠졌지만, 다른 방법이 없었다. 그러던 중 기적이 찾아왔다. 10여 년이 흐른 후, 형은 다시 정상적인 생활을 할 수 있게 된 것이다. 그 후 형은 여행 중에 법정 스님을 만나게 되었고, 출가해서 지묵 스님이 되었다.

공부하지 못한 오랜 공백이 있었음에도, 형은 승가대학과 대학원에서 두각을 나타냈다. 40대에 송광사 총무 스님을 역임했고 미국, 일본, 중국, 유럽 등지에서 10년간 포교사로 활동했다. 그동안의 경험을 바탕으로 20여 권의 책을 집필했고, 불교방송에서 신행상담 프로그램도 진행했다. 마지막에는 보림사 주지 스님으로 봉직하던 중, 일산화탄소 중독 사고로 2년 전에 생을 마감했다.

나의 형, 지묵 스님 책 (출처 : 우리출판사)

형은 우리 가정의 희망이었고, 늘 동생들에게 본이 되어주었다. 신문 배달로 번 돈으로 가장 먼저 동생들에게 짜장면을 사주던 따뜻한 형이었다. 일산화탄소 중독으로 9년 6개월간 의식 없이 지내다가 돌아가신 형이 새삼 그리워진다. 형의 긴 고통의 시간을 함께해주신 여여심 보살님을 비롯한 불교 신도님들께도 깊은 감사의 마음을 전하고 싶다. 10년이라는 시간 동안 형과 함께한 그분들의 따뜻한 마음은 결코 잊을 수 없다.

도전하면
나의 능력을 발견할 수 있다

　도전은 내 안에 잠재된 능력을 발견하게 해주는 여정이었다. 새가 하늘을 날기 전까지는 얼마나 높이 날 수 있을지 알 수 없듯이, 나 역시 도전을 통해 비로소 내 잠재력을 발견했다.

　어릴 적 지독한 가난 속에서 주경야독하며 고입 검정고시를 준비했고, 은행원이라는 꿈을 안고 여수상고에 입학했다. 하지만 현실은 쉽지 않았다. 생계를 책임지며 야간 학교에 다니는 과정은 고달팠지만, 그 힘든 시간 속에서도 나는 보람을 느꼈다. 마침내 은행에 입사해 가난에서 벗어났을 때, 더 이상의 도전은 필요 없을 것으로 생각했다. 그러나 인생은 늘 새로운 도전을 요구했다.

　IMF 시절 지점장으로 첫 발령을 받았을 때, 나는 영업에 대한 경험이 전혀 없었다. 본부에서만 18년을 근무해온 탓에 지점 실적은 날로 악화되었고, 명예퇴직의 불안감이 나를 짓눌렀다. 영업은 내게 넘을 수 없는 벽처럼 느껴졌고, 매일 좌절의 연속이었다. 마치 깊은 바다에 홀로 던져진 듯, 앞이 보이지 않는 캄캄한 터널을 헤매는 기분이었다.

그러나 좌절 속에서도 포기하지 않았다. 상황을 개선하기 위해 다양한 방법을 고민했다. 시간이 흐르면서 영업의 기초를 조금씩 알게 되었고, 하루에 3~4시간씩 기업을 직접 방문하며 기업 대표님들의 어려움을 경청하고 현장 경험을 쌓았다. IMF 시절, 어려움을 겪고 있는 기업들을 적극적으로 지원했고, 때로는 부담스러운 요청에도 기꺼이 응했다. 그들의 어려움을 함께 나누고 싶었기 때문이다. 그 마음을 알았는지 문제를 일으킨 기업 대표님은 없었다. 지점의 평판은 점차 좋아지기 시작했다. 실적도 조금씩 오르면서 영업의 매력을 발견하게 되었다.

고객들과 신뢰를 쌓아가며 영업의 진정한 의미를 깨달았다. 마치 캄캄한 밤하늘에 별들이 하나둘 빛나는 것처럼, 노력은 성과로 이어졌고, 그 성과는 다시 더 큰 도전을 향한 용기를 주었다. 결국, 영업 실적은 크게 향상되었다.

2005년으로 기억된다. 뛰어난 실적을 올린 지점장들에게 부부 동반 서유럽 여행의 기회가 처음으로 주어졌다. 나는 17명의 지점장들과 함께 이 기회를 얻었다. 이 성과는 나의 노력의 결실이기도 했지만, 헌신적으로 일했던 부하직원들의 공로이기도 했다. 다음 해에도 우수한 실적을 인정받아 아내와 함께 호주와 뉴질랜드를 여행할 수 있었다. 오랜 시간 나와 함께 고생한 아내에게 작은 위로가 되었다는 생각에 뿌듯함을 느꼈고, 함께 쌓아온 추억이 더욱 소중하게 느껴졌다.

그 후, 나는 1급 지점장으로 승진했다. 당시 1급 지점장은 16명 뿐이었고, 나에게는 과분한 영광이었다. 이뿐만 아니라, 정년이 1년 연장되는 특별한 혜택까지 누릴 수 있었다. 37년간 근무하는 동안 기업은행이 내게 베풀어준 혜택들을 떠올리면 그저 감사한 마음뿐이다. 그간의 노력과 도전이 내게 이런 결과를 가져다주었다는 사실이 더욱 기쁘고 의미 있었다.

IMF 위기 속에서 스스로 영업의 문외한이라고 여겼지만, 결국 누구도 예상치 못한 최상의 성과를 거둘 수 있었다. 수많은 좌절과 절망이 있었지만, 그 위기는 내 능력을 발견하고 깨우는 계기가 되었다. 그때의 영업에 대한 자신감과 성취감 덕분에 나는 지금 법인 영업 컨설턴트의 길을 주저 없이 선택할 수 있었다.

도전은 나를 더 강하게 만들었고, 내가 상상하지 못했던 가능성을 열어주었다. 이제 나는 안다. 도전하지 않았다면 내 능력도, 내 삶의 깊이도 결코 알지 못했을 거라는 것을.

　나의 도전은 아직 끝나지 않았다. 앞으로도 다양한 분야에 도전하며 끊임없이 성장해 나갈 것이다. 마치 한 그루의 나무가 뿌리를 깊이 내리고 가지를 뻗어나가듯, 나 역시 끊임없이 배우고 성장하며 더 나은 미래를 만들어 나가고 싶다.

나의 동생 이야기

　나보다 2살 어린 동생은 어린 시절 나의 고단한 여정을 그대로 따라야만 했다. 지독한 가난 속에서 고입 검정고시를 마친 후, 낮에는 회사 사환으로 일하며 밤에는 여수상고에 다녔다. 나와 함께 신문 배달과 아이스께끼 장사를 하며 가사를 도왔다. 그런 고된 환경 속에서도 불평 없이, 언제나 긍정적인 태도로 어려움을 이겨낸 동생이었다.

　학창 시절 동생의 성적은 그리 뛰어나지 못했다. 은행 시험에도 도전했지만, 안타깝게도 실패했다. 그러나 건설회사에 입사하면서 그의 인생은 서서히 변하기 시작했다. 바쁜 와중에도 방송통신대학교를 졸업했고, 회사에서도 두각을 나타내기 시작했다. 인사부장과 자금부장 등 주요 직책을 두루 거치며 성공적인 커리어를 쌓았고, 은퇴를 앞두고는 안전 관련 기술사 자격증을 2개를 취득하며 전문성을 쌓았다. 은퇴 후 8년 동안 한국안전보건기술원의 원장으로 재직했으며, 현재 70대에도 불구하고 기술위원으로서 활발히 강의와 컨설팅 활동을 이어가고 있다.

나는 동생이 이렇게 쉽게 기술사 자격증을 취득할 줄은 상상도 못했다. 그것도 1개도 아니고 2개씩이나…. 어렸을 때부터 공부에 대한 기대가 높지 않았던 동생이었기에 더욱 놀라웠다. 하지만 동생도 어린 시절 고된 경험을 통해 도전 의식을 키웠고, 포기하지 않고 도전하면 무엇이든 성취할 수 있다는 진리를 스스로 깨달았을 것이다. 그의 여정이 나에게도 큰 교훈을 남겼다.

힘든 시기마다 아낌없이 나를 도와준 동생과 제수씨에게 감사함이 가득하다. 동생들이 있었기에 내가 다시 일어설 수 있었고, 오늘날 나의 도전도 가능했음을 새삼 느낀다.

도전하면
성취의 기쁨을 맛볼 수 있다

도전의 끝에서 나는 언제나 성취를 맛보았다. 그러나 그 성취는 결코 쉽게 얻어진 것이 아니었다. 내 삶에는 여러 번의 위기가 찾아왔고, 그 도전의 길은 험난했다. 언제나 높은 벽이 나를 막았고, 그 벽을 넘기 위해 나는 끊임없이 노력했다. 하지만 그 노력이 쌓일 때마다, 나는 그 벽 너머에 있는 성취의 기쁨을 경험할 수 있었다.

독학으로 여수상고에 수석으로 입학한 것은 내 인생에서 처음으로 맛본 성취였다. 그것은 마치 어둠 속에서 한 줄기 빛을 발견한 것과 같았다. 가난한 환경 속에서도 끊임없이 공부하며 목표를 향해 나아갔던 시간은 지금도 생생하게 기억난다. 매일 밤늦게까지, 잠이 부족해도 꾸준히 공부를 이어갔던 어릴 적 내 모습은 지금도 내게 큰 자부심을 준다. 은행에 입사해 마침내 가난에서 벗어날 수 있었지만, 그때 깨달았다. 성취는 종착점이 아니라 또 다른 도전의 출발점이라는 것을.

　내 인생의 큰 도전은 대부분 50세 이후에 이루어졌다. 일반적으로 사람들은 50대가 되면 안정적인 삶을 추구하기 마련이지만, 나는 오히려 더욱 다양한 분야에 도전하며 삶의 새로운 장을 열었다.

- 50세에 미국 공인회계사시험에 합격했다.
- 51세에 공인중개사 자격을 취득했다.
- 56세에 공인재무설계사(CFP) 자격을 취득했다.
- 65세에 손해평가사 자격을 취득했다.
- 72세에 법인영업 컨설턴트가 되었다.
- 73세에 나무의사 시험에 도전했다.
- 73세에 작가가 되었다.

　나는 성취를 통해 자신감을 얻었다. 그 자신감이 새로운 도전을 가능하게 했다. 지금 73세인 나는 여전히 도전을 멈추지 않고 있다. 나는 도전이 주는 성취의 기쁨을 알기에, 그 기쁨을 얻기 위해 오늘도 도전을 이어간다.

　삶은 도전의 연속이며, 그 끝에는 언제나 성취의 달콤함이 기다리고 있다. 이 성취는 나를 살아 있게 하고, 나의 삶을 풍요롭게 만든다. 도전의 길이 험난할지라도, 그 끝에서 기다리는 성취의 기쁨을 알기에, 나는 기꺼이 그 길을 걸어간다. 그리고 그 길을 걸어가며, 나는 내 인생의 의미를 다시금 찾고, 그 의미 속에서 나 자신을 발견하게 된다.

나이가 들어도 새로운 것을 배우고 도전하는 것은 절대 늦지 않다. 중요한 것은 끊임없이 배우려는 자세와 열정이다. 도전을 통해 얻는 성취감은 어떤 것과도 비교할 수 없는 기쁨을 선사할 것이다.

나의 이야기가 여러분에게 작은 용기를 줄 수 있기를 바란다.

실패를 통해
배운 교훈

도전에는 항상 성공만 따르는 것은 아니다. 사실, 나의 삶에서 가장 강렬하게 남은 순간들은 종종 실패에서 비롯되었다. 실패는 고통스럽고 좌절감을 안겨주지만, 그만큼 나를 성장하게 만들고 새로운 방향으로 나아가게 했다. 도전의 과정에서 겪은 수많은 실패는 나를 더 강하게 만들었고, 내 인생의 중요한 교훈을 선사했다.

젊은 시절부터 나는 수많은 목표를 세우고 이를 이루기 위해 노력했다. 때로는 계획대로 일이 풀려나갔지만, 많은 경우 예상치 못한 벽에 부딪혀 실패를 경험했다. 특히, 나는 50세에 미국 공인회계사 시험에 도전했을 때, 처음 몇 번의 시도에서 실패를 맛보았다. 그때의 실망감은 컸지만, 실패를 통해 무엇이 부족했는지 명확히 알 수 있었고, 더 철저하게 준비할 기회로 삼았다. 결국, 여러 번의 실패 끝에 합격할 수 있었고, 이 경험은 나에게 끈기와 인내의 중요성을 일깨워주었다.

실패는 나의 약점을 드러내기도 했지만, 동시에 나의 강점을 키우는 기회이기도 했다. 은행에서 지점장으로 처음 발령받았을 때, 나는 영업에 대한 경험이 거의 없었다. 아무리 노력해도 실적은 쉽게 개선되지 않았고, 매일 명예퇴직의 불안에 시달렸다. 그러나 좌절의 순간에서 멈추지 않고 끊임없이 배워나갔다. 그러한 반복적인 실패 속에서도 조금씩 영업의 기초를 이해하게 되었고, 그 과정에서 얻은 자신감과 실력은 결국 지점을 성공적으로 이끌 수 있는 원동력이 되었다. 실패가 없었다면, 나는 그 과정을 통해 성장할 수 없었을 것이다.

또한, 70대에 도전한 나무의사 자격증 시험에서도 여러 번의 실패를 경험했다. 나는 6차례나 2차 시험에서 불합격의 고배를 마셨다. 하지만 그 실패는 단순한 좌절로 끝나지 않았다. 오히려 내가 부족한 부분을 인지하고, 그것을 보완할 수 있는 기회로 만들었다. 그 결과, 나는 시험을 다시 준비하는 과정에서 더욱 체계적으로 공부할 수 있었다. 아직 자격증을 따내는 성취를 이루지 못했으나 마지막 기회인 2025년에는 나무의사 꿈이 이루어질 것으로 기대하고 있다.

실패는 나에게 늘 두 가지 선택을 안겨주었다. 좌절 속에 머무를 것인지, 아니면 그것을 밑거름 삼아 더 나은 미래로 나아갈 것인지. 나는 실패를 단지 끝으로 보지 않았다. 그것은 오히려 나의 능력을 점검하고, 내가 어디에 집중해야 하는지를 알려주는 신호였다. 실패를 통해 배운 것은 성공보다 더 값진 것이 많았다. 그 과정에서 나는 인내심, 문제 해결 능력, 그리고 자신에 대한 신뢰를 키울 수 있었다.

도전이란 언제나 실패의 가능성을 동반한다. 그러나 실패는 결코 실패로 끝나지 않는다. 그것은 또 다른 시작이다. 실패는 나를 다시 일어서게 만들고, 내가 진정으로 원하는 목표를 향해 더 단단하게 나아가게 하는 힘을 준다. 이제는 실패를 두려워하지 않고 오히려 환영하게 되었다. 그것이야말로 나의 인생에서 얻은 가장 큰 교훈 중 하나다. 실패는 나를 더 강하게 만들고, 나의 가능성을 확장한다. 매번 실패를 통해 나는 새롭게 배우고 성장하며, 앞으로 나아갈 수 있는 길을 찾는다.

도전해서
성취의 기쁨을 맛본 사람들

60대 후반에 모델로 데뷔해 성공을 거두다

이영희 씨는 60대 후반에 모델로 데뷔한 한국의 대표적인 모델로, 나이와 상관없이 꿈을 이루기 위한 도전정신으로 많은 사람에게 영감을 준 인물이다. 60대 후반이라는 나이는 일반적으로 새로운 직업에 도전하기에는 늦었다고 여겨질 수 있지만, 이영희 씨는 이를 과감히 무시하고 자신의 꿈을 이루어냈다. 이는 많은 중장년 층에게도 새로운 가능성을 제시하고, 젊은 세대에게도 인내와 열정의 중요성을 다시금 일깨워주었다.

이영희 씨는 단순히 나이가 많은 모델로서의 의미를 넘어서, 여성의 삶에서 나이는 그저 숫자일 뿐이라는 강력한 메시지를 전달

했다. 그녀의 활약은 나이에 대한 편견을 깨고, '아름다움'이라는 개념이 시간과 무관하게 다양한 모습으로 존재할 수 있음을 보여주었다. 모델이 될 수 있는 사람은 젊고 아름다운 사람이라는 고정관념이 깨지면서, 패션계는 더욱 다양한 인종, 연령, 성별의 사람들이 활동할 수 있는 무대로 변모했다.

이영희 씨는 '나이는 숫자에 불과하다'라는 말을 몸소 증명한 인물로, 앞으로도 계속해서 많은 사람에게 영감을 주는 존재로 남을 것이다.

70대 초반에 새로운 분야인 창업에 도전해 성공하다

정선화 씨는 젊은 시절 다양한 직업을 경험했지만, 은퇴 후에는 창업에 도전하기로 결정했다. 그는 새로운 기술과 트렌드를 배우기 위해 꾸준히 공부하고, 전문가들과 네트워크를 형성하며 지식과 경험을 쌓았다. 그녀는 70대 초반에 작은 커피숍을 시작하며, 지역 사회에 긍정적인 영향을 미치기 위해 열심히 노력했다. 처음에는 자금과 자원의 부족으로 어려움을 겪었지만, 그녀는 꾸준한 노력과 창의력으로 어려움을 극복해 나갔다.

정선화 씨의 커피숍은 지역 주민들 사이에서 빠르게 인기를 끌었고, 그녀는 자신의 경영 방식으로 많은 사랑을 받게 되었다. 현재 그녀의 커피숍은 지역 사회의 명소로 자리 잡았으며, 많은 사람이 그녀의 이야기를 통해 영감을 얻고 있다.

꿈과 열정이 있다면, 은퇴 후에도 새로운 도전을 시작하며 성과를 이룰 수 있음을 입증해준다.

낙후 지역 개발의 개척자가 되다

김영수 씨는 1950년에 태어나 젊은 시절부터 건축 분야에서 일해왔다. 은퇴 후, 그는 오래된 고향 마을의 발전을 위해 새로운 도전을 하기로 결심했다. 그 마을은 오랫동안 경제적으로 어려움을 겪고 있었고, 그에 따라 주민들의 삶의 질도 크게 저하되어 있었다.

김영수 씨는 자신의 건축 경험과 네트워크를 활용해 마을의 재개발 프로젝트를 추진했다. 하지만, 그는 프로젝트 초기부터 많은 장애물에 부딪혔다. 재정적 문제와 주민들의 저항, 그리고 행정적 절차의 복잡함이 그의 길을 막았다.

그럼에도 불구하고 김영수 씨는 주민들과 지속적인 대화를 통해 신뢰를 얻었고, 사회적 기업과 협력해 재정적 지원을 받았다. 그는 지역 사회의 의견을 반영해 프로젝트를 조정하고, 주민들의 참여를 유도했다. 결국, 마을은 현대적인 시설과 기반 시설을 갖춘 새로운 모습으로 변화하게 되었고, 주민들의 삶의 질은 크게 향상되었다.

김영수 씨의 도전은 단순히 건축적 성취를 넘어서, 지역 사회의 미래를 변화시키는 중요한 역할을 했다. 그의 이야기는 어떤 어려움이 닥치더라도, 지역 사회를 위한 헌신과 인내로 큰 변화를 끌어낼 수 있음을 보여준다.

농업 혁신의 선구자가 되다

이순재 씨는 1953년에 태어나 평생 농업에 종사해왔다. 은퇴 후, 그는 자신의 농장과 지역 농업의 발전을 위해 혁신적인 기술을 도입하기로 결심했다. 당시 농업은 전통적인 방식에 의존하고 있었고, 현대적인 기술 도입은 거의 불가능하다고 여겨졌다.

이순재 씨는 최신 농업 기술, 특히 스마트 농업과 데이터 기반의 농업 관리 시스템을 연구하고 도입하기 위해 많은 시간을 투자했다. 그러나 그는 초기에는 기술적인 문제와 높은 비용, 그리고 주변 농민들의 불신이라는 난관에 직면했다. 많은 사람이 그의 시도를 비웃었고, 그의 기술 도입이 실패할 것이라고 예상했다.

그럼에도 불구하고 이순재 씨는 자신의 신념을 지키며 지속해서 실험과 개선을 거듭했다. 그의 농장에서는 생산성이 크게 향상되었고, 점차 그의 혁신적인 접근 방식이 지역 사회에서 인정받기 시작했다.

이순재 씨의 도전은 지역 농업의 패러다임을 변화시키며, 농업 혁신의 가능성을 보여주었다. 그의 성공적인 사례는 농업 분야에서도 혁신이 이루어질 수 있음을 강하게 증명하고 있다.

청소년 교육의 혁신가가 되다

장영미 씨는 1958년에 태어나 교육 분야에서 오랜 경력을 쌓았으나, 은퇴 후에는 청소년 교육의 새로운 길을 개척하고자 했다. 그녀는 은퇴 후, 저소득층 청소년들을 위한 교육 프로그램을 기획해 사회적 불평등을 줄이기 위해 노력했다.

초기에는 자금 부족과 교육 자원 부족으로 어려움을 겪었다. 그러나 장영미 씨는 지역 사회와 협력해 필요한 자원을 확보하고, 지억 기업들의 후원을 받았다. 그녀는 또한 교육 프로그램의 효과를 높이기 위해 다양한 교육 방법과 커리큘럼을 개발했다.

그녀의 교육 프로그램은 청소년들에게 새로운 기회를 제공하며, 많은 학생이 학업 성취도를 높이고 미래의 목표를 달성하는 데 도움을 받았다. 장영미 씨는 학생들에게 꿈과 희망을 심어주었으며, 그녀의 노력은 지역 사회의 교육 환경을 크게 변화시켰다.

장영미 씨의 도전은 교육의 중요성을 다시 한번 일깨우며, 사회적 불평등을 줄이기 위한 지속적인 노력의 중요성을 보여준다.

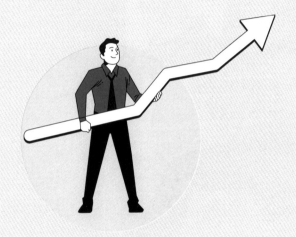

50세 이후에
내가 도전한 것들

내가 걸어온 길은 도전의 연속이었다. 50대에 접어들며 나의 한계를 뛰어넘기 위한 첫 번째 도전은 미국 공인회계사 시험이었다. 학습과 준비의 과정은 쉽지 않았지만, 결국 시험에 합격하면서 새로운 가능성을 열 수 있었다. 이어서 51세에는 공인중개사 자격증을 취득했다. 경제적으로 새로운 출발이 필요했던 시기였기에, 이 자격증은 나에게 큰 의미가 있었다. 이 도전을 통해 경제적 재기를 이룰 수 있었고, 인생 제2막이 본격적으로 시작되었다.

내 도전은 여기서 멈추지 않았다. 56세에는 공인재무설계사 자격증을 취득하며 재무와 금융 분야로 전문성을 넓혔다. 나아가 영어 강사로서도 활동하며 새로운 경력을 쌓았다. 이 경험을 통해 배움과 도전은 나이에 제한되지 않음을 다시금 깨달았다. 학습의 과정은 언제나 나에게 새로운 길을 열어주었고, 나 자신을 끊임없이 발전시키는 원동력이 되었다.

65세에는 손해평가사 자격증을 취득하며 또 한 번 새로운 도전의 길을 열었다. 이전과는 다른 분야였기에 처음에는 낯설고 어렵게 느껴졌지만, 곧 자격증을 취득할 수 있었다.

72세에는 법인영업 컨설턴트로서 또 다른 도전을 시작했다. 이 직업은 이전에 쌓은 다양한 경험과 지식을 바탕으로 기업들에 효과적인 영업 전략을 제시하는 역할이다. 오래전 취득한 기술지도사 자격증을 다시 등록하고, 이를 통해 기업들이 기술적 문제를 해결할 수 있도록 지원하고자 한다. 나이와 상관없이 새로운 일을 시작할 수 있다는 자신감을 느끼게 되었다.

73세에는 작가와 강사로서의 새로운 도전을 감행했다. 오랜 기간 나누고 싶었던 경험과 지혜를 책으로 엮어내기 위한 첫걸음을 내디딘 것이다. 이 과정에서 나는 강의 활동을 병행하며, 내가 쌓아온 경험을 사람들에게 전하고 도전의 가치를 전하고자 한다.

이처럼 나는 나이와 상관없이 계속해서 새로운 목표에 도전해왔다. 미국 공인회계사, 공인재무설계사, 공인중개사, 손해평가사, 법인영업 컨설턴트, 그리고 작가와 강사로서의 경험은 모두 나의 가능성을 넓히고, 인생의 다양한 단면을 마주할 수 있게 해주었다. 이 여정은 나에게 성취감을 주었고, 앞으로도 도전은 계속될 것이다.

특히 이러한 자격증들과 경험은 강사이자 법인영업 컨설턴트로서 많은 사람에게 도움을 주고, 기업들에 실질적인 솔루션을 제시하는 데 큰 기여를 할 것이다.

50세에
미국 공인회계사 시험에 합격하다

어린 시절부터 '도전'은 내 삶의 일부였다. 가난이라는 굴레에서 벗어나기 위해서는 스스로의 힘으로 세상에 나서야 했기 때문이었다. 학창 시절에도, 사회에 나와서도, 내 삶은 언제나 도전의 연속이었다. 수많은 어려움을 극복하고 은행원으로서의 길을 걸어왔지만, 인생은 또 한 번 나를 새로운 도전 앞에 세웠고, 이 도전은 내 인생에서 가장 큰 성취로 남게 되었다.

50세, 다시 시작된 도전

앞서도 잠시 언급했지만 1997년, IMF 외환위기가 터지면서 나는 지점장으로 첫 발령을 받았다. 그러나 영업에 문외한이었던 나는 지점의 실적 악화로 압박을 받았다. 실적 부진으로 퇴직 위기에 몰린 나는 새로운 길을 찾아야 했다. 국내에서는 더 이상 취업이 어렵다고 판단해서 미국 공인회계사 시험에 도전하기로 결심했다. 50이 가까운 나이에, 나는 미국에서 새로운 기회를 찾아보기로 한 것이다. 낮에는 지점장으로 일하고, 저녁에는 은행 부근의 고시원에서 하루 7~8시간씩 공부하며 잠은 겨우 4시간만 잤다. 잠이 부족해 근무하다가도 졸음이 몰려왔지만, 그럴수록 더 이를 악물고 견뎠다.

당시에는 인터넷 강의도 없어, 영어 원서를 독학으로 공부해야 했다. 문제집을 포함해 10권이 넘는 책을 파고들어야 했다. 객관식 문제는 어느 정도 익숙해졌지만, 주관식 에세이를 작성하는 것은 큰 어려움이었다. 한 번도 영어로 에세이를 써본 적이 없었는데, 미국의 젊은이들과 경쟁하며 정해진 시간 안에 여러 장의 에세이를 작성해야 했다. 한 장 쓰는 것도 벅차 수없이 쓰고 지우기를 반복하며 포기하고 싶은 마음이 여러 번 들었다. 그럴 때마다, 어릴 적 공부하고 싶어 눈물 흘렸던 시절을 떠올리며 다시 마음을 다잡았다. 또한 대책 없이 은퇴하면 가족이 겪게 될 고통을 생각하며 반드시 극복해야겠다고 다짐했다. 아침마다 긴 영어 문장을 암기하며 꾸준히 공부한 끝에, 마침내 에세이를 어느 정도 작성할 수 있게 되었다.

포기하지 않은 끝에 얻은 성취

6개월간 공부한 후, 나는 첫 시험에 응시했다. 미국까지 왕복 비행기 표와 숙박비로 약 200만 원이 소요되었다. 당시 어려운 형편에 큰 부담이었지만 감수할 수밖에 없었다. 시험은 하루 8시간씩 이틀간 진행되었다. 긴장 속에 16시간을 견뎌야 했기에 체력은 고갈되었고, 시차 적응도 큰 문제였다. 일요일에 미국에 도착해 수요일과 목요일에 시험을 치러야 했다. 50대인 나에게는 시차 적응이 매우 어려운 일이었다. 첫날 시차 적응에 실패하면 시험일까지 정상 컨디션을 유지할 수 없었다. 첫 시험 결과는 40점대로 기대에 미치지 못했지만, 시험을 준비하는 데 큰 도움이 되었다.

그 후 2번 더 시험을 치렀고 마침내 합격했다. 마지막 시험에서는 83점, 89점이라는 높은 점수를 받았다. 그토록 걱정했던 에세이도 시간 내에 충분히 작성할 수 있었다.

2년간 거의 하루도 빠짐없이 공부에 매진한 끝에, 나는 마침내 미국 공인회계사 시험에 합격할 수 있었다. 설 명절에도 독서실에서 공부하느라 아이들이 고시원으로 찾아와 세배했던 기억이 새삼 떠오른다. 합격했을 때의 기쁨은 마치 무거운 짐이 어깨에서 떨어져 나가 하늘을 훨훨 날아가는 기분이었다. 2년간의 고생을 끝

미국 캘리포니아주 공인회계사 시험 합격 안내 메일
(출처 : CALIFORNIA BOARD OF ACCOUNTANCY)

내고 집으로 돌아올 때의 설렘은 말로 표현할 수 없었다. 특히, 아내와 아이들에게 꼭 합격해서 집에 돌아오겠다고 한 약속을 지킬 수 있어서 너무나 뿌듯했다. 50세의 나이에 이룬 이 성취는 내 인생에서 가장 큰 기쁨 중 하나였다. 그 결과 〈매일경제〉, 〈내외경제〉 등 여러 매체의 인터뷰 요청을 받으며 하루아침에 유명인이 되기도 했다. 그러나 무엇보다 중요한 것은, 이 도전을 통해 스스로의 한계를 뛰어넘을 수 있었고, 도전의 가치를 다시 한번 깨달았다는 점이다.

매일경제

50대 지점장, 美 공인회계사 합격

입력 2002.02.28. 오후 3:03

😊 공감   💬 댓글   🤖 🔊 ㄱㄱ ↗ 🖨

= 기업은행 김재윤 지점장 =

<박기효.이진명> 50대 은행 지점장이 미국 공인회계사 시험에 합격해 화제를 모으고 있다. 최근 미국 공인회계사 시험 합격자 명단에서 기업은행 상동지점의 김재윤(50) 지점장의 이름을 찾을 수 있었다.

회계를 전공하고 있는 젊은 학생들도 어렵다는 시험에 지점장으로 근무하면서 틈틈이 공부한 것이 결실을 맺게 돼 많은 부러움을 사고 있다.

특히 30대 은행 지점장이 등장하면서 50대 은행원은 구조조정의 위기에 몰려 있는 상황에 얻은 쾌거여서 다른 은행원들의 본보기가 되고 있다.

불우한 가정환경 탓에 정규 교육과정은 초등학교만 나온 김 지점장의 이번 합격은 더욱 남다르다. 김 지점장은 초등학교 졸업 후 집안 일을 돕다 검정고시로 중학교를 마치고 야간 상업고등학교 졸업했다.

어려운 학창시절을 겪은 김 지점장은 지난 71년 기업은행 입행 이후 야간대학교와 대학원까지 마치는 등 향학열을 달궜다.

김재윤 지점장은 또 현재 부천 상동지점장으로 부임한 이후 자산규모가 170억원에서 560억원으로 3배 이상 증가해 시험을 준비하느라 영업을 게을리 하지 않았느냐는 주위의 우려를 불식시켰다. 이익 규모 또한 4억원에서 지난 해 14억원으로 4배 가까이 늘어나 경영평가에서 종합 2위를 달성했다.

외환위기 이후 '나약한 은행원'의 모습에서 벗어나고 싶었다는 김 지점장은 "자녀들에게 아버지로서 열심히 사는 모습을 보여주고 있었다"며 "퇴직 후 미국에서 공인회계사로 일하고 싶다"는 포부를 밝혔다.

김 지점장은 당초 MBA에 도전할 마음이었으나 나이 제한으로 뜻을 못 이루자 공인회계사로 방향을 바꿔 3년 전부터 영업시간 이후 고시원을 전전하며 시험을 준비해왔다. 은행에서는 18년간 전산부에서 근무한 경력으로 전산 전문가로도 통한다.

미국 공인회계사 합격 기사 1 (출처 : 〈매일경제〉, 2002년 2월 28일자 기사)

기업은행 상동지점 김재윤 점장

대부분의 사람들은 '이것은 나로선 어려운 일이야'라며 자신의 한계를 희미하게 그어 놓고 산다. 나이가 들수록 그 선이 굵게 느껴지는 것은 어쩔 수 없는 일. 하지만 이를 깨뜨려 가며 인생의 역작을 그려 가는 사람이 있다.

기업은행 상동지점의 김재윤 지점장(51). 그는 지난 2월 미국 공인회계사(AICPA) 시험 합격자 발표 때의 감동을 잊지 못한다. 준비한 지 3년 만의 일이었다. 18개월 동안 은행 옆 고시원에서 숙식하며 얻어낸 결실이기도 했다. 지천명(知天命)의 나이도 그동안 시나브로 넘겨버렸다.

처음엔 '가능할까?'라는 주위의 염려 어린 시선도 부담스러웠다.

하지만 당당하게 그의 이름 세 글자를 합격자 명단에 올려 놓았다.

"나이도, 시간도 문제가 안 됩니다. 하겠다는 의지가 중요합니다. 저는 제 자신의 한계에 대해서는 아예 생각을 하지 않습니다." 김 지점장은 '공부하는 게 즐거움이자 소원'인 사람이다. 6남매 중 둘째로 태어난 그는 어릴 적 가정 형편 때문에 초등학교만 마치고 중학교 진학을 포기해야 했다. 그는 "학교 가는 아이들이 얼마나 부러웠는지 모른다"며 당시를 회고했다.

그때 '언젠가는 원 없이 공부 한번 해보겠다'는 한을 풀었단다. 어장사업 실패로 기울어진 집을 원망하지도 않았다. 신문 배달과 아이스크림 장사로 돈을 버는 틈틈이 공부에 매달렸다. 어렵사리 검정고시로 중학교를 마치고 여수상고에 수석으로 입학했다. 졸업 후 기업은행에 입사한 그는 이듬해 군에 입대했으나 공부에 대한 열정은 이어졌다.

"대학에 가고 싶어 군대에서 방송통신대 강의를 들었죠. 군 생활에 지장을 주지 않도록 일부러 새벽 보초와 불침번을 자청해 새벽 4시부터 기상 전까지 공부에 매달렸습니다." 제대 후 그는 곧바로 국제대학 무역학과에 편입, 학사학위를 따냈고 서강대 경영대학원까지 마쳤다. 시간 날 때마다 영어 공부에도 매진했다.

은행에서 보내주는 연수대상자에 뽑혀 시티은행에 3개월 연수를 다녀오기도 했다. 해외 유학에 대비, 토플 점수도 550점 이상을 받아 놓았다.

그는 "그때 해둔 영어 공부가 미국 공인회계사 시험 때 큰 도움이 됐다"고 털어놓았다.

시험 준비로 혹시 은행 업무엔 소홀하지 않았을까 생각하면 오산이다.

그가 부천 상동지점에 부임한 해 540억 원이었던 지점 여수신 규모가 현재 1,110억 원으로 배 이상 늘었다. 4억 원이던 이익 규모도 20억 원으로 5배나 증가했다. 지난해 상동지점은 지점 경영평가 순위에서 종합 2위를 차지했다.

"공부를 하다 보면 자기계발은 물론 업무에도 큰 도움이 됩니다. 그만큼 고객들에게도 양질의 서비스를 제공할 수 있죠." 그는 업무에 도움이 되는 자격증이라면 거침없이 따낸다. 선물중개사, 투자상담사, 기술지도사 자격증은 이미 따놓은 지 오래다. 모두 퇴근 후 짬을 내 강의 테이프를 들으며 독학으로 얻어낸 성과들이다. 최근엔 관리회계사와 공인중개사 시험 공부도 시작했다. 김 지점장은 그러나 공부를 하면서 가족에게 소홀히 한 점에 대해 무척 미안해했다. 이 때문에 더더욱 '가족의 소중함'을 어느 때보다도 절실히 깨달았다고 한다.

"미국 공인회계사 준비 시절에는 명절에도 가족들과 함께 보내지 못했습니다. 고시원으로 음식을 들고 오는 가족들을 보며 '가족들이 얼마나 소중한 이들인가'를 느꼈습니다." 김 지점장은 가슴 한 켠에 '묻어 둔 회한'을 이제야 털어놓았다.

그는 "은퇴 후엔 미국으로 건너가 경험을 쌓은 뒤 현지 공인회계사로 활동하고 싶다"며 소중하게 간직하고 있던 꿈을 내비쳤다. 언젠가 그가 '현실의 깃발'을 꽂게 될 새로운 목표가 다시 세워진 셈이다.

권남근 기자/happyday@ned.co.kr [2002. 06. 15]

미국 공인회계사 합격 기사 2 (출처 : 〈내외경제〉, 2002년 6월 15일자 기사)

50세라는 늦은 나이에 새로운 도전을 시작하고 성공을 거둔 나의 경험이 많은 사람들에게 용기를 주기를 기대한다. 나이가 들어서도 새로운 것을 배우고 도전하는 것은 절대 늦지 않다. 중요한 것은 끊임없이 배우려는 자세와 열정이다. 도전을 통해 우리는 스스로 가능성을 발견하고, 삶의 의미를 새롭게 발견할 수 있다.

이 글을 읽는 여러분도 도전을 두려워하지 말고, 지금 당장 새로운 도전에 나서 보길 권하고 싶다. 도전은 실패의 두려움보다 훨씬 더 큰 성취와 기쁨을 선사할 것이다. 지금 당장 새로운 것을 시작하기 두렵더라도, 작은 것부터 시작해보자. 그리고 꾸준히 노력한다면 반드시 원하는 목표를 이룰 수 있을 것이다.

51세에
공인중개사 시험에 합격하다

　앞에서도 언급했지만 1988년, 예상치 못한 부동산 사기로 인해 나는 전 재산을 잃었다. 한순간에 모든 것이 무너졌고, 우리 가족은 63평의 넓은 단독주택에서 13평짜리 작은 빌라로 이사해야 했다. 다섯 식구가 두 칸짜리 좁은 공간에서 함께 살아야 하는 현실은 받아들이기 어려웠다. 매일 밤 악몽에 시달렸고, 자살 충동까지 느낄 만큼 절망적인 상태에 빠졌다. 내가 쌓아 올린 삶이 한순간에 붕괴된 것은 엄청난 충격이었고, 그로 인해 나와 가족은 끝없는 지옥 속에 갇힌 듯한 시간을 보냈다.

　하지만 그 고통 속에서 나는 다시 일어서겠다는 결심이 생겼다. 모든 것을 잃은 후에도 포기할 수는 없었다. 나는 부동산 사기를 당한 만큼, 부동산에 대해 제대로 알아야겠다는 강한 의지가 생겼다. 무엇보다, 가족을 위해서라도 다시 경제적으로 자립할 방법을 찾아야 했다. 아울러 이 분야를 잘 이해하면, 다시 재기할 수 있는 기회가 찾아올 것으로 믿었다.

그래서 51세에 공인중개사 시험을 준비했다. 공부하면서 부동산학개론과 세법은 비교적 수월하게 준비할 수 있었다. 이는 전년도에 미국 공인회계사 자격증을 취득했던 경험 덕분이었다. 또한, 은행에서 근무하며 민법과 관련된 업무도 많이 다루었기 때문에 민법 역시 크게 신경 쓰이지 않았다. 문제는 부동산 공법이었다. 공법은 암기할 내용이 많았고, 혼자 공부하기에는 이해가 되지 않은 부분이 많아 상당한 시간과 노력을 들여야 했다.

EBS 강의는 나에게 큰 도움이 되었다. 강의를 통해 공법의 많은 부분을 이해할 수 있었다. 공인중개사 시험 준비는 나에게 단순한 자격증 취득 이상의 의미가 있었다. 부동산에 대한 전반적인 이해를 넓히는 계기가 되었고, 부동산을 통한 재기의 가능성에 대한 확신이 자리 잡게 되었다.

이론적 공부만으로는 부족하다고 생각해, 시간이 날 때마다 부동산 중개사무소를 방문하며 현장을 체험했다. 그 덕분에 나는 부동산 시장의 실제 동향을 빠르게 파악할 수 있었고, 그 분야에서 후일 공인중개사로 활동하는 데 큰 도움이 되었다.

공인중개사 자격증을 취득한 후, 나는 재정적으로 회복하기 위해 퇴직금을 투자하기로 했다. 당시 부천에 살고 있었던 나는 부동산 시장을 면밀히 분석한 끝에 서울로 투자 결정을 내렸다. 부동산을 통해 잃은 것을 되찾기 위해서는 서울, 특히 발전 가능성이 큰 지역에 투자해야 한다는 결론에 이르렀다.

아내와 나는 서울의 여러 지역을 돌아보며 투자할 곳을 신중히 검토했다. 그 결과, 지금 사는 목동 등촌역 부근 다가구주택을 구입하게 되었다. 당시 9호선이 곧 개통될 예정이었고, 9호선이 개통되자 우리가 구입한 다가구주택의 가치는 크게 상승했다. 당시 부천의 집보다는 3~4배는 오른 것 같다.

이 투자 덕분에 우리는 재정적으로도 많이 회복될 수 있었다. 하루아침에 전 재산을 잃었던 절망적인 상황에서 벗어나, 다시 일어설 수 있는 기회를 만들었다는 사실이 나에게는 큰 위로가 되었다. 내가 부동산 공부를 결심하고 공인중개사 자격증을 취득한 것은 결과적으로 옳은 선택이었다. 이 선택이 없었다면 나는 여전히 절망 속에서 헤매고 있었을지 모른다.

51세에 공인중개사 자격증을 취득한 것은 단순한 자격증 취득 이상의 의미가 있다. 이 자격증은 내가 다시 한번 경제적으로 자립할 수 있는 발판이 되었고, 동시에 부동산 시장에서 나의 가치를 입증할 수 있는 도구가 되었다. 이를 통해 잃어버린 재산을 어느 정도 회복할 수 있었을 뿐만 아니라, 다시 한번 도전할 수 있는 용기가 생겼다. 무엇보다 그 과정을 통해 나는 인생을 새롭게 설계할 수 있게 되었고, 부동산에 대한 깊은 이해를 바탕으로 앞으로의 인생을 더 나은 방향으로 이끌어갈 수 있는 자신감을 얻게 되었다.

56세에
공인재무설계사와 영어 강사가 되다

공인재무설계사는 개인과 기업의 재무 계획을 전문적으로 설계하고 조언하는 전문가다. 투자, 세금, 보험, 은퇴 계획, 상속, 증여 등 다양한 요소를 통합적으로 고려해 고객에게 적합한 재무 계획을 제공하는 역할을 한다.

나는 은퇴 후 재무설계사로 활동하기 위해 CFP 자격증을 준비하기 시작했다. 은퇴 1년 전의 일이었다. 은퇴 후에도 금융 계통에서 계속 일할 계획이었다. CPA(공인회계사), CFP(공인재무설계사), 그리고 CFA(공인증권분석사)는 경제와 경영 부문에서 가장 유망한 자격증으로 꼽힌다. 특히, CFP는 은행, 보험, 증권회사에서 가장 선호하는 자격증이기도 했다. 나는 CPA와 CFP를 함께 취득한다면 금상첨화일 것이라고 생각했다.

2002년 3월 25자 〈매일경제〉에 의하면, 은행별 CPA, CFP 자격증 취득 현황은 다음과 같았다.

구분	CPA	CFP
국민	11	3
조흥	2	13
외환	1	3
신한	4	1
하나	2	21
한미	2	–

은행별 자격증 취득 현황 (출처 : 〈매일경제〉, 2002년 3월 25일자 기사)

1차 시험은 7과목의 이론 시험이었고, 큰 어려움 없이 준비할 수 있었다. 평소 재무와 경제에 관심이 많았고, CPA 준비 경험 덕분에 연관성도 컸기 때문이다. 6개월 만에 1차 시험은 좋은 점수로 합격했다. 그러나 2차 시험이 문제였다. 공학계산기를 이용한 계산 문제가 출제되는데, 나는 공학계산기 조작이 서툴러 시간이 부족했다. 내 주변의 응시자들은 대부분 20대, 30대였고, 그들은 공학계산기를 능숙하게 다루고 있었다.

2차 시험을 대비하기 위해 매일 공학계산기를 연습했다. 아침마다 1~2시간씩 자판을 두드리며 계산 문제를 풀었다. 시간이 흐르자 계산기 사용이 익숙해졌고, 문제를 풀어내는 속도도 빨라졌다.

6개월 동안 매일같이 연습한 끝에 2차 시험에서도 무난히 합격할 수 있었다. 나이가 들면 계산 속도가 늦어지는 것은 어쩔 도리가 없지만, 기능은 연습하면 어느 정도 익숙해진다는 것을 경험할 수 있었다.

공인재무설계사 자격증 (출처 : FPSB)

지점 실적이 좋아 정년이 1년 연장되었고, 그다음 해에 나는 은퇴했다. 미국 공인회계사와 공인재무설계사 중 하나를 선택해야 했다. 아내와 며칠간 상의 끝에, 미국 현지를 직접 돌아보고 결정하기로 했다. 15일간 캘리포니아주를 아내와 현지 답사했다. 그런데 하필 그때가 2008년 미국 금융 위기의 해였다. 봄인데도 불구하고 경기는 좋지 않았고, 현지 교포들도 한결같이 미국에서의 사

업 활동에 부정적이었다. 우리는 미국에서의 생활을 포기하기로
했다.

미국에서 돌아온 후, 재무설계사로 활동할 준비를 시작했다. 그
런데 뜻밖의 제안이 찾아왔다. 여동생이 운영하는 학원에서 외고
와 과학고 진학을 목표로 하는 중학생들을 가르칠 영어 강사가 필
요하다는 것이었다. 좋은 조건에 나는 망설임 없이 수락했다. 아들
에게 수능 영어를 가르친 경험도 있었기 때문에 어느 정도 자신이
있었다.

하지만 교재를 받아보고 깜짝 놀랐다. 수능 영어보다 훨씬 어려
웠다. 특히 리스닝은 내가 예상했던 수준을 훨씬 뛰어넘었다. 첫
수업에 들어갔을 때 얼마나 긴장했는지 모른다. 학생들의 날카로
운 질문이 이어지면서 땀을 뻘뻘 흘렸다. 외고와 같은 특목고 입학
을 목표로 하는 학생들을 가르치는 일은 만만치 않았다. 젊은 유학
파 선생님들이 대다수였고, 나이 든 내가 이 일을 해낼 수 있을지
의문이었다. 그러나 며칠 만에 포기할 수는 없었다.

며칠간 수업을 진행하며 이대로는 안 되겠다는 생각이 들었다.
그래서 다시 고시원에 들어가 매일 수업 준비를 했다. 시간이 지나
자 긴장도 풀렸고, 학생들의 질문에도 어느 정도 여유 있게 답할

수 있게 되었다. 3개월 후, 나는 고시원 생활을 청산하고 홀가분한 마음으로 집에 돌아왔다. 그 후 약 2년간 영어 선생님을 하다 그만 두었다. 나이 들어 언제까지나 할 수 있는 일은 아니었기 때문이었다.

공인재무설계사 자격증 취득과 영어 강사로서의 경험은 나에게 새로운 도전이었다. 그리고 그 도전은 나에게 또 다른 성취감을 안겨주었다.

65세에
손해평가사가 되다

손해평가사는 재해나 사고로 인해 발생한 손해를 정확히 평가하고, 그 손해에 대해 공정한 보상금을 산정하는 전문가다. 특히 농작물, 가축, 건물, 재산 등에서 발생한 손해를 평가해 보험 가입자가 적정한 보상을 받을 수 있도록 돕는다.

이 직업은 2015년에 처음 도입되었으며, 당시 나는 아내와 함께 공인중개사로 활동하고 있었다. 우리가 운영하던 부동산 중개사무소는 위치가 좋아 수입은 괜찮았지만, 일상은 그리 자유롭지 않았다. 일주일 중 6일은 사무실에 묶여 있고, 일요일이나 명절이 되어서야 겨우 쉴 수 있었다. 해가 갈수록 자유로운 삶을 살고 싶다는 바람이 있었다. 무엇보다, 아내와 69세 이후에는 자유롭게 살자는 약속이 마음속에 남아 있었다.

그러던 중 한 회사 대표를 만났는데, 그 대표는 손해평가사 시험을 준비하고 있다고 했다. 시험에 합격하면 1년에 3개월 정도만 일해도 3,000만 원에서 4,000만 원의 소득이 가능하다고 설명했다. 이는 나와 아내가 원하는 자유로운 삶과 잘 맞아떨어졌다. 나는 70세 이후에 이보다 더 좋은 직업이 없을 것 같다는 생각에 손해평가사 시험에 도전하기로 결심했다.

당시에는 이 직업이 갓 생긴 상태라 시험에 대한 정보도 많지 않았고, 경쟁률도 비교적 높지 않았다. 첫 회 시험에서 480명이 합격했으니, 나는 2회 시험도 비슷한 난이도로 출제될 것이라고 예상했다. 손해평가사 시험을 준비하는 동안 부동산 중개 일도 겸하고 있었기 때문에, 절대적으로 준비할 시간이 부족했다. 또한 막상 공부를 시작해보니 생각보다 쉽지 않았다. 농작물이나 가축마다 손해를 평가하는 방법이 다르고, 관련된 법규나 규정도 많았다. 평가를 위해 암기해야 할 사항이 생각보다 방대했고, 참고할 자료나 기출문제도 거의 없었다. 그래도 비교적 짧은 8주 만에 시험 준비를 마무리하고 응시했다. 시험은 예상보다 까다로웠고, 낙방할 것으로 생각했지만, 60.5점으로 간신히 합격할 수 있었다. 2회 시험은 합격자가 160명으로 대폭 줄어들었고, 나는 운 좋게 그 명단에 이름을 올릴 수 있었다.

손해평가사로 활동한 3년 동안, 나는 삶에서 새로운 보람을 느꼈다. 자유로운 일정을 유지하면서도 경제직으로 안정적인 소득을 창출할 수 있었다. 또한 농부들이 겪는 어려움을 직접적으로 체감할 수 있었고, 그들에게 공정한 보상을 받을 수 있도록 돕는 일은 단순한 경제적 보상 이상의 가치를 느끼게 해주었다. 그 덕분에 손해평가사로서의 생활은 노후에 더할 나위 없이 만족스러웠다. 나는 아내와 약속한 대로 더 이상 부동산 중개업에 매달리지 않아도 되었고, 손해평가사로서 경제적 자립을 유지하며, 자유롭게 일할 수 있었다.

그러나 이러한 삶은 오래가지 못했다. 처음 손해평가사 자격증을 취득할 당시, 이 직업이 나의 마지막 직업이 될 것으로 생각했다. 하지만 상황은 급격히 변했다. 주관식 문제 출제에서 오류가 발생하며 합격자가 기하급수적으로 증가한 것이다. 5회 시험까지만 해도 매년 150명 정도의 합격자가 배출되었지만, 그 이후로는 한 해에 600여 명, 1,000명, 2,200명씩 쏟아져 나왔다. 이에 따라 시장에서 손해평가사의 수가 과도하게 늘어나면서 자연스럽게 일감도 줄어들었다. 그 결과, 손해평가사의 미래는 불투명해졌다.

결국, 손해평가사 일을 그만두었고, 나는 새로운 목표를 찾기로 했다. 손해평가사로 활동한 기간은 짧았지만, 보람이 있었고 만족스러웠다. 인생은 예측할 수 없는 도전의 연속이지만, 그 도전들이 나를 더 강하게 만들어주고 있다는 것을 다시금 깨닫게 되었다.

72세에
법인영업 컨설턴트가 되다

    안정적인 직업을 찾는 것은 나이가 들수록 더욱 중요하다. 나는 오랫동안 나무의사가 되는 것이 내 인생의 마지막 도전이 될 것이라고 믿었다. 나무의사는 신체적인 활동이 적고, 자연과 함께하는 일로 안정적인 직업으로 여겨졌다. 그래서 이 길을 간절히 원했고, 2차 시험에 무려 6번이나 응시했지만, 매번 낙방했다. 실패할 때마다 실망스러웠지만, 언젠가는 합격할 것이라는 희망을 놓지 않았다.

    그러나 언제까지나 합격을 기다릴 수만은 없었다. 6번의 낙방은 큰 상처였지만, 동시에 새로운 길을 찾는 계기가 되었다. 나는 내가 잘할 수 있고, 즐거움을 느끼며, 다른 사람들에게 도움이 될 수 있는 일을 찾아야 했다.

과거 지점장 시절, 고객 기업을 찾아가 문제를 해결해주는 컨설팅 일이 가장 즐거웠다. 중소기업들이 자금 조달이나 세법 문제로 어려움을 겪는 것을 도와주며 느꼈던 보람은 이루 말할 수 없었다. 공인회계사 시험에 합격한 후에는 세법상의 문제를 컨설팅하면서 얻은 자부심도 컸다. 기업의 대표들이 반갑게 맞아주며 나의 의견을 존중하는 모습을 보면서 영업의 즐거움을 다시금 깨달았다.

이런 기억을 떠올리면서 나는 결심했다. 나무의사 도전에 계속 실패한 뒤, 법인영업 컨설턴트라는 새로운 도전을 선택하기로 했다. 과거에 즐겼던 일을 다시 하면서도 새로운 전문성을 개발할 수 있는 기회였다. 물론 나이를 고려했을 때, 새로운 분야에 다시 뛰어드는 것이 쉽지는 않았다. 젊었을 때와 달리 체력적으로나 정신적으로 더 많은 부담이 있을 수 있음을 알고 있다. 그러나 나는 스스로 믿었다. 과거에 더 어려운 환경에서도 극복했던 나 자신을 기억했기 때문이다. 어린 시절부터 많은 어려움을 겪어왔고, 그때마다 굴하지 않고 앞으로 나아갔던 내 모습을 떠올리며 다시 한번 도전할 용기를 냈다.

나이는 고려해야 할 요소이지만, 나의 경험과 지식이 더 중요하다는 믿음이 있었다. 운 좋게도 현재의 회사 대표께서 나의 경험을 평가해주셨고, 법인영업 컨설턴트로서 일할 수 있는 기회를 주셨다. 하지만 법인영업 컨설턴트라는 새로운 역할에 적응하는 데는 시간이 필요했다. 특히 나무의사 시험 준비로 시간을 많이 할애하다 보니, 영업에 집중하지 못한 것도 사실이었다. 그 결과 아직까지 실적으로 능력을 입증하지는 못하고 있지만, 나는 서두르지 않는다. 준비가 끝나면 분명히 기대에 부응할 수 있을 것이라는 믿음이 있기 때문이다.

다시 컨설팅하면서 과거에 느꼈던 즐거움을 되찾았다. 기업의 자금 문제나 세법상의 어려움을 컨설팅해주는 일은 여전히 보람차고, 그 과정에서 나 자신을 다시 발견하게 되었다. 이 새로운 길은 나에게 새로운 의미를 부여해주었다. 단순히 직업적인 성공을 넘어서, 나는 내 경험과 지식을 통해 다른 사람들에게 도움이 되는 일을 하고 있다는 점에서 만족감을 느꼈다.

법인영업 컨설턴트로서의 경험은 나에게 새로운 활력을 불어넣어 주었다. 나이가 들어도 여전히 배울 것이 많고, 성장할 수 있다는 사실을 깨달았다. 나는 나이가 더 들어도, 여전히 사회에 참여할 수 있다는 자신감을 얻게 되었다. 이 자신감은 나를 앞으로 나아가게 하는 원동력이 되었으며, 아직은 그들에게 큰 도움을 주지 못했지만, 시간이 지나면 더 많은 도움을 줄 수 있을 것이라는 기대를 품고 있다.

법인영업 컨설턴트로서의 도전은 내 인생의 새로운 장을 여는 계기가 되었다. 나는 이 도전을 즐기며, 앞으로도 계속 나아갈 것이다. 나이는 단지 숫자일 뿐, 그저 내가 할 수 있는 일을 최선을 다해서 해내고, 그 과정에서 또 다른 성취를 이룰 수 있을 것이라는 믿음을 가지고 있다.

73세에
나무의사 시험에 도전하다

나는 평생 여러 시험에 도전하며 많은 성취를 이루었다. 중간에 포기한 적은 없었다. 도전은 내 인생의 중요한 부분이었고, 마치 인디언의 기우제처럼, 합격할 때까지 멈추지 않았다. 이 같은 신념 덕분에 그동안 도전했던 거의 모든 시험에서 합격의 기쁨을 누릴 수 있었다. 그러나 이번 도전은 조금 달랐다. 예전에는 시험을 준비하면서 합격할 것이라는 기대감이 늘 나를 지탱했지만, 이번에는 2차 시험에서 벌써 6번이나 낙방하는 아픔을 겪었다.

처음에는 자신이 있었다. 나무의사 시험도 이전처럼 한두 번의 시도로 합격할 수 있으리라 믿었다. 그러나 2차 시험에서 계속된 낙방은 깊은 좌절을 안겨 주었다. 특히 지난해에는 1차 시험부터 다시 시작해야 했기에 포기할까 고민하기도 했다. 1차 시험을 어렵게 통과한 뒤 다시 2차 시험에 도전했지만 또 실패했다. 일을 하면서 시험 준비를 병행했던 것이 실패의 원인이라고 생각했다. 그래서 최근에는 모든 일을 멈추고 몇 달 동안 오로지 시험 준비에만 전념했지만, 또다시 고배를 마셔야 했다.

나무의사 시험에 도전하게 된 계기는 나와 오랫동안 알고 지내온 지인의 권유에서 시작되었다. 그 지인은 나무와 자연에 대한 깊은 애정이 있었고, 그의 열정은 나에게 큰 영향을 미쳤다. 그렇게 나는 나무의사 시험에 도전하기로 결심했다.

농과대학을 졸업하지 않은 나는 사이버대학에서 학점을 이수해야 했다. 나무의사 시험을 준비하는 과정은 결코 쉽지 않았다. 특히 나무와 관련된 수목학, 생리학, 병리학, 토양학, 관리학 등 너무나 생소한 과목들이 나를 힘들게 했다. 암기해야 할 내용도 방대했다. 그러나 어려움 속에서도 자연과 나무에 대한 배움은 즐거웠고, 점점 나무와 숲을 사랑하게 되었다. 이 과정을 통해 나는 나무가 주는 신비로움과 자연의 복잡한 생태계를 이해하게 되었다. 이 새로운 지식은 나에게 삶의 또 다른 큰 축복이었다.

이제 나는 73세가 되었지만, 여전히 나무의사 시험에 도전할 수 있다는 것만으로도 행복을 느낀다. 물론 아직 합격하지 못했다는 아쉬움이 있지만, 도전할 수 있다는 것 자체가 나에게 큰 의미를 준다. 다음 시험은 내게 주어진 마지막 기회다. 남은 한 번의 기회에서 잘 준비해서 좋은 결과를 얻고 싶다. 지난 몇 년 동안 쏟아부은 노력과 도전이 열매를 맺을 수 있기를 간절히 바라고 있다. 나무의사로서의 미래를 꿈꾸며, 이 도전을 통해 내 인생을 또 한 번 도약시킬 수 있기를 소망한다.

나무의사가 되면, 그동안 내가 배운 지식과 경험을 바탕으로 자연과 나무를 돌보는 일을 할 수 있을 것이다. 나무의사로서의 삶은 단순한 직업을 넘어서, 내가 자연에 기여하고, 나무와 함께하는 삶을 통해 더 큰 성취와 보람을 느낄 수 있는 길이 될 것이다.

73세에
작가와 강사가 되다

인생의 끝자락에서 새로운 시작을 결심한 73세의 나는 작가이
자 강사가 되기로 했다. 오랜 세월을 다양한 직업에서 쌓아온 경험
과 지식은 나의 소중한 자산이 되었다. 이제는 그 경험을 세상과
나누고 싶다는 열망이 생겼다.

글쓰기는 단순한 취미를 넘어, 나의 삶을 되돌아보고 의미를 부
여하는 중요한 수단이 되었다. 특히, 여러 번의 도전과 실패를 거
듭하며 깨달았던 것들을 글에 담아내고 싶다. 첫 번째 책의 주제는
'도전'이다. 인생의 다양한 국면에서 마주했던 도전들은 나를 성
장시키는 밑거름이 되었고, 이 경험을 독자들과 공유하고 싶었다.
도전은 목표를 달성하는 것에 그치지 않고, 끊임없이 자신을 발전
시키고 새로운 가능성을 발견하는 과정이라는 메시지를 전달하고

싶었다.

글쓰기와 함께 강의 활동도 시작하려고 한다. '도전과 성장'이라는 주제를 중심으로 다양한 연령대의 청중들에게 강의를 진행하고 싶다. 청중들과 소통하며 그들의 삶에 작은 영향을 미칠 수 있다는 사실에 보람을 느끼고 싶다. 또한, 법인 전문 컨설턴트로서 쌓아온 경험을 바탕으로, 기업 대표들을 위한 강의도 계획하고 있다. 기업의 성장을 위한 다양한 전략과 노하우를 공유하며, 그들이 직면한 어려움을 해결하는 데 도움을 주고 싶다.

작가이자 강사로서의 활동을 이어가기 위해서는 끊임없는 자기 계발이 필요하다. 나는 새로운 지식을 습득하고, 다양한 분야에 관한 관심을 넓히기 위해 노력하고 있다. 전문성이 요구되는 만큼, 나는 브랜드 가치를 높이고, 신뢰를 얻기 위해서 지속해서 공부하고 연구해왔다. 작가와 강사로서의 삶은 나에게 많은 기회를 제공할 것이다. 다양한 사람들을 만나고, 그들의 이야기를 듣고, 함께 성장하는 경험을 할 수 있기를 기대한다. 특히, 나의 이야기를 통해 많은 사람이 용기를 얻고, 새로운 도전을 시작하기를 소망하고 있다.

마지막으로, 73세에 작가와 강사가 되겠다는 꿈은 단순히 나 자신의 성취에 그치지 않는다. 이는 나와 같은 또래의 많은 이들에게도 도전과 영감을 주는 메시지가 될 것이다. 나의 이야기를 통해 많은 이들이 도전의 가치를 깨닫고, 새로운 길을 찾아 나서길 바라는 마음으로 나는 계속해서 글을 쓰고 강의를 할 것이다. 이 모든 과정은 나의 삶을 더욱 풍요롭게 만들어주는 여정이다.

73세인 지금도 새로운 시작을 할 수 있었던 것에 감사하며, 앞으로도 나의 이야기를 세상과 나누고 싶다. 도전은 언제나 가능하고, 그 가능성은 내 삶에 끝없이 펼쳐져 있다. 세상의 많은 사람과 함께 나의 이야기를 나누는 것은 나에게 큰 기쁨과 보람을 안겨줄 것이다. 나의 삶은 이제 새로운 장을 열고 있으며, 앞으로 어떻게 펼쳐지게 될지 나 자신도 기대된다.

73세에
기술지도사 자격증을 재등록하다

기술지도사 자격증은 기술 및 경영 분야에서 필요한 전문 지식을 인증받는 중요한 자격증이다. 이 자격증을 보유한 사람은 기업 또는 개인이 기술을 효과적으로 활용하고 이를 발전시키는 데 필요한 자문을 제공한다. 기술지도사는 산업 현장에서의 경험과 이론적 지식을 바탕으로 기술 혁신과 경영 효율성을 높이는 중요한 역할을 한다.

나는 이 자격증을 오래전에 취득했지만, 당시에는 기술지도사의 역할을 본격적으로 활용하지 않았다. 그러나 2024년에 법인영업을 시작하면서 기술지도사 자격증의 필요성을 다시 절감하게 되었다. 법인영업 컨설턴트로서 다양한 기업의 경영과 기술적 문제를 해결하고 지원하는 과정에서 이 자격증이 다시 한번 중요한 의미를 갖게 되었다.

법인영업에서 성공하려면 단순한 영업 능력만으로는 부족하다. 기업이 직면한 기술적, 경영적 문제를 심층적으로 이해하고 이를 해결할 수 있는 능력이 필요하다. 기술지도사 자격증은 나에게 이러한 전문성을 제공해준다. 이 자격증을 통해 기술 분야의 최신 트렌드와 문제 해결 방안을 체계적으로 습득할 수 있으며, 이를 기반으로 고객들에게 더 나은 서비스를 제공할 수 있다.

2024년에 법인영업을 시작한 후, 나는 이 자격증을 재등록했다.

기술지도사 등록증 (출처 : 중소벤처기업부)

재등록하는 과정에서 과거에 취득한 지식을 복습하고, 새로운 정보를 습득하면서 나의 전문성을 더욱 강화할 수 있었다. 기업들이 직면하는 문제들은 시간이 지나면서 변화하고 진화하므로 기술지도사로서의 나의 역할 역시 계속해서 발전하고 확장될 필요가 있음을 깨달았다.

결국 기술지도사 자격증을 재등록한 것은 나의 커리어에 있어 중요한 터닝 포인트가 될 것이다. 나는 이제 이 자격증을 바탕으로 기업들이 직면한 다양한 기술적, 경영적 문제를 해결하고, 그들이 경쟁력을 높일 수 있도록 지원하는 전문가로서의 역할을 수행하게 될 것이다. 앞으로도 이 자격증을 통해 더 많은 기업에 도움을 주고, 내 경력을 한층 더 발전시킬 수 있을 것이라고 확신한다.

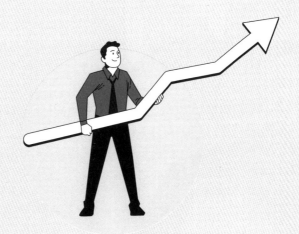

5060세대가
도전해야 하는 이유

50대, 60대가 되어 '이제 늦었다'라고 생각하는가?

5060세대는 은퇴와 함께 인생의 새로운 국면을 맞이하고 있다. 현대 사회는 빠르게 변화하고, 인생은 길어졌다. 이러한 변화 속에서 삶을 의미 있게 만들기 위해서는 지속적인 성장을 도모해야 한다. 도전이란, 단순히 새로운 기술이나 성취를 얻기 위한 것이 아니다. 이는 우리의 삶에 활력을 더하고, 더욱 풍요로운 노년을 보낼 힘을 부여하는 중요한 요소다. 특히 현대 사회에서는 은퇴 이후의 시간 역시 '제2의 인생'이라고 불릴 만큼 의미 있고 긴 시간이 될 수 있다. 따라서 도전하는 것은 필수적이다.

도전의 본질 – 편안함을 넘어서

도전이라는 말은 때로 두렵게 느껴질 수 있다. 익숙한 일상을 벗어나 새로운 것을 시작한다는 것은 분명 불안하고 때로는 고단한 일이다. 도전은 편안함을 추구하는 인간의 본성을 거스르는 행위다. 사람들은 대개 익숙하고 안정된 생활을 선호하며, 변화와 모험을 피하는 경향이 있다. 그러나 편안함에 안주하면 성장의 기회를 놓치게 된다. 나이가 들었다고 해서, 새로운 것을 배우고 성장할 수 있는 능력이 사라진 것은 아니다.

5060세대에게 도전은 단순히 새로운 일이나 취미를 찾는 것이 아닌, 삶을 재정의하고 미래를 새롭게 설계하는 과정이다. 일상의 반복에서 벗어나 새로운 것을 추구할 때 비로소 성취감을 느끼고 자신을 다시 발견할 수 있다. 도전은 불확실함 속에서도 자신에게 던지는 질문이다. '나는 여전히 배울 수 있는가? 나는 여전히 성장할 수 있는가?' 그 대답은 항상 '그렇다'이다.

삶의 질 향상과 도전

도전은 단순한 자기계발 이상의 의미가 있다. 그것은 우리가 아직 살아 있음을, 꿈꿀 수 있음을, 성장할 수 있음을 증명하는 생명력의 표현이다. 새로운 취미를 배우거나, 오랫동안 미루어둔 공부를 시작하거나, 혹은 새로운 일에 도전하는 것. 그 모든 과정이 우리의 인생을 더욱 빛나게 만들 것이다.

은퇴 후의 도전은 삶의 질을 향상하는 중요한 요인이다. 새로운 목표를 설정하고 이를 이루기 위해 노력하는 과정은 자기계발의 기회가 된다. 도전은 단순히 경제적인 측면을 넘어서 정신적, 감정적 성장의 기회를 제공한다. 또한 도전 과정을 통해 얻게 되는 성취감은 노년의 삶에 활력을 더하고, 자존감을 높이는 중요한 요소가 된다. 사람은 나이가 들어도 계속 성장할 수 있고, 새로운 것을 배울 수 있다. 그러한 성장은 더 나은 노년을 만드는 기초가 된다.

새로운 환경 변화에
적응하기 위해

끊임없이 변화하는 세상

21세기는 기술의 발전과 사회 구조의 변화가 가속화되면서 예측 불가능한 변화가 끊임없이 일어나는 시대다. 인공지능, 빅데이터, 디지털 전환 등 새로운 기술들이 우리의 삶을 혁신적으로 바꾸고 있으며, 이러한 변화는 개인의 삶뿐만 아니라 사회 전체의 모습까지도 바꾸고 있다.

급격한 사회 변화는 우리에게 많은 기회를 제공하지만, 동시에 적응해야 할 과제를 안겨준다. 특히 고령화 사회의 도래는 은퇴 후 삶에 대한 새로운 고민을 던져주고 있다. 이처럼 빠르게 변화하는 사회 환경에서 살아남기 위해서는 끊임없이 배우고 변화하는 자세가 필요하다.

현대 사회는 변화 속도가 매우 빠르다. 이러한 변화에 적응하지 않으면 우리는 뒤처질 수밖에 없다. 도전하지 않는 사람은 새로운 기회를 잡을 수 없으며, 결국 정체될 수밖에 없다. 반면 도전하는 사람은 변화 속에서 새로운 가능성을 발견하고, 이를 통해 더 나은 삶을 만들어갈 수 있다

길어진 수명

100세 시대라는 말이 이제는 더 이상 낯설지 않다. 길어진 수명은 인생 후반부가 단지 여생을 보낼 시간이 아니라, 여전히 무언가를 성취해야 하는 시간을 의미한다. 만약 길어진 수명만큼 삶의 질이 보장되지 않는다면, 그 긴 시간은 오히려 고통이 될 것이다. 그렇기에 우리는 멈출 수 없다. 이제 우리는 길어진 수명에 맞는 새로운 관점을 가져야 한다. 50세 즈음 은퇴를 맞이하고, 그 후 남은 긴 기간을 어떻게 살아야 할 것인가? 인생의 후반부를 어떻게 보내느냐에 따라 노년의 행복이 결정되기에 계속해서 도전하고 배우는 자세가 필요하다.

정년퇴직 후에도 많은 사람이 자신을 여전히 유능하고 활동적

인 존재로 어긴다. 그러나 현실은 다르다. 60세가 넘으면 사회는 더 이상 필요하지 않은 존재로 간주하기 쉽다. 일자리를 찾는 것은 쉽지 않으며, 어렵사리 구한 일자리조차 소득은 과거의 절반에 불과한 경우가 많다. 그렇다고 이 긴 시간을 손 놓고 지낼 수는 없다. 오히려 우리는 새로운 기회를 찾고, 도전의 길을 모색해야만 한다. 은퇴 후의 삶은 단지 쉬는 시간이 아니라, 새로운 목표를 향해 나아가는 시간으로 전환되어야 한다.

재취업 시장의 악화

최근 통계에 따르면, 5060세대의 83%가 재취업을 시도한다고 한다. 그러나 현실은 혹독하다. 많은 이들이 몇 개의 직장을 전전하며, 불안정한 임시직으로 살아간다. 우리는 원하지 않더라도 '노마드(nomad)', 즉 유목민 같은 삶을 살게 된 것이다. 새로운 일자리를 찾는 과정에서 겪는 좌절감은 우리의 자신감을 상실하게 할 수 있다. 그러나 이러한 상황 속에서도 도전은 중요하다. 변화는 피할 수 없는 현실이므로, 이에 맞서 끊임없이 도전하고 적응하는 능력을 키우는 것이 필요하다.

마처세대의 도래

　5060세대는 '마처세대'로 불린다. 부모를 부양해야 하는 마지막 세대이자, 동시에 자녀를 돌봐야 하는 첫 번째 세대다. 우리는 부모와 자녀 사이에서 이중의 부담을 안고 살아간다. 이런 현실은 절대 녹록지 않다. 그러나 이 암울한 현실 속에서도 우리는 살아남아야 한다. 무엇보다 실패에 대한 두려움을 떨쳐내야 한다. 두려움을 떨쳐내지 않으면 도태될 뿐이다. 처음은 언제나 어렵다. 하지만 두 번째, 세 번째는 점점 쉬워진다. 고통과 시련은 피할 수 없지만, 고비를 넘기면 새로운 길이 보인다. 도전하지 않으면, 우리는 이 굴레에서 영원히 벗어날 수 없다.

　도전은 늘 불확실성을 동반한다. 그러나 그 불확실성 속에서 우리는 예상치 못한 가능성을 발견할 수 있다. 새로운 환경에 도전하면서 얻는 경험은 단순한 성취를 넘어서, 우리의 시야를 넓히고 사고를 확장시키는 데 기여한다. 이는 노년의 삶을 더욱 풍요롭고 의미 있게 만들어주며, 우리를 더욱 성장하게 만든다.

　무언가에 도전하고 이를 이루어냈을 때 느끼는 성취감은 말로 표현하기 어려울 만큼 크다. 그것은 삶의 활력을 불어넣고, 다시 앞으로 나아갈 힘을 준다. 나이가 들어도 계속해서 새로운 것을 배우고 도전하는 자세를 잃지 않으면 평생을 성장하는 삶을 살아갈 수 있다. 더 나은 인생 후반부는 스스로 만들어가는 것이다.

5060세대에게 도전은 선택이 아니라 필수다. 삶의 질을 향상하고, 새로운 환경에 적응하며, 미래의 가능성을 열어가는 중요한 방법이다. 도전하지 않으면, 얻을 수 있는 것은 아무것도 없다.

성장과
발전을 위해

새로운 사회 환경의 변화에 적응하기 위해서는 스스로 성장과 발전을 도모해야 한다. 도전은 새로운 나를 찾고, 나만의 가치를 만들어주며, 활력이 넘치는 삶을 살 수 있도록 만들어준다.

지속적인 자기 성장

성공적인 도전을 위해서는 지속적인 학습이 필수적이다. 자기 성장은 한 번으로 끝나는 것이 아니라, 끊임없이 자기 능력과 잠재력을 개발하는 과정이다. 지속적인 자기 성장은 변화에 능동적으로 대처할 힘을 길러주며, 더 나은 방향으로 나아가게 한다.

온라인 강좌나 지역 사회의 학습 프로그램을 통해 새로운 기술이나 지식을 습득하는 것은 도전의 성공을 위한 중요한 전략이다. 또한, 독서를 통한 지식 확장이나 새로운 언어를 배우는 것 또한 매우 유익하다. 이러한 과정에서 자신이 성장하고 있다는 성취감을 느낄 수 있다. 사람은 새로운 가능성을 확인하는 과정에서 행복을 느낀다고 한다. 그 과정에서 도파민이 분비되기 때문이다.

우리는 모두 도전에 성공하길 바라지만, 도전에 성공하기만 하는 것은 아니다. 때로는 실패하지만, 실패를 통해 자신이 부족한 부분을 발견하고 개선하는 과정에서 더욱 성장할 수 있다. 이처럼 도전은 무모한 것이 아니라 우리를 성장시키는 삶의 중요한 부분이다.

삶의 의미와 목적 찾기

도전은 단순히 생존을 위한 것이 아니다. 그것은 삶의 의미와 목적을 찾는 과정이다. 이를 통해 사람들은 자신이 누구인지, 어떤 삶을 살아야 할지 명확하게 이해하게 된다.

새로운 나를 찾아 나서라. 잊고 지냈던 꿈, 새로운 가능성을 발견하는 것은 나이를 불문하고 중요하다. 지금이야말로 새로운 삶을 준비해야 한다. 결국, 도전은 자신을 재발견하고, 성장시키며,

더 깊은 수준에서 삶의 의미를 이해하게 만드는 중요한 과정이다.

나만의 가치 만들기

5060세대는 은퇴를 앞두고 있거나 이미 은퇴했을 가능성이 크다. 노후를 대비하는 가장 확실한 방법은 나만의 가치를 만드는 것이다. 무엇이든 내가 가장 잘할 수 있는 것을 찾아내어 은퇴 전후의 시간을 활용해 전문가가 되라. 전문가가 되면, 삶은 여러 가지 선순환 고리를 만들어낸다. 재취업이 쉬워지고, 자신의 가치를 지킬 힘이 생긴다.

새로운 도전을 통해 익힌 기술이나 지식을 활용해 새로운 직업적 기회를 모색하면 경제적 자립을 유지할 수 있다. 이는 단순한 경제적 보상을 넘어, 자신의 가치를 증명하고, 사회적으로 활발한 역할을 유지하는 데 도움을 준다.

앤절라 더크워스(Angela Duckworth)의 《그릿》은 자신만의 가치를 만들기 위해서 단기적인 성공보다는 장기적인 목표를 설정하고, 그 목표를 위해 끝까지 노력하는 태도가 중요하다고 설명한다. 자신이 진정으로 중요하게 여기는 열정을 발견하고, 그 열정을 기반으로 끊임없이 노력하는 과정에서 나만의 가치를 만들어낼 수 있다는 것이다.

정신적 활력

도전은 우리의 정신에 활력을 준다. 새로운 것을 시도할 때 느끼는 설렘과 긴장감은 삶을 더욱 의미 있게 만든다. 우리가 계속 살아 있음을 느끼게 해준다. 정신적으로 활력이 넘치는 사람은 목표를 향해 나아가면서 좌절과 어려움 속에서도 끊임없이 도전할 수 있다. 또한, 도전을 통해 경제적 안정을 이루면 삶의 질이 향상되고, 은퇴 후의 불안감도 완화될 수 있다.

도전은 정신적, 신체적 건강을 유지하는 데 매우 중요한 요소다. 새로운 것을 배우고 시도하는 과정은 뇌를 자극하고, 삶의 질을 높이는 데 기여한다. 또한, 신체적으로도 도전은 건강을 유지하고, 노화를 늦추는 데 도움이 된다.

정체되지 않는 삶

세상은 끊임없이 변화하고 있으며, 이러한 변화에 유연하게 적응할 수 있는 능력이 필요하다. 정체되지 않는 삶이 중요한 이유는, 변화를 받아들이고 새로운 것에 도전할 때 창의력과 문제 해결 능력이 향상되기 때문이다.

세상은 끊임없이 변화하고 있으며, 이러한 변화에 유연하게 적응할 수 있는 능력이 필요하다. 정체되지 않는 삶이 중요한 이유는 변화를 받아들이고 새로운 것에 도전할 때 창의력과 문제 해결 능력이 향상되기 때문이다. 도전하지 않으면 삶이 정체되기 쉽고, 그 순간 우리는 살아 있다는 느낌을 잃는다.

도전은 우리를 끊임없이 앞으로 나아가게 한다. 크고 작은 도전은 우리의 삶을 계속해서 움직이게 하며, 그 과정에서 우리는 살아 있음을 강하게 느끼게 된다. 나이가 들었다고 해서 삶의 의미를 잃는 것은 아니다. 오히려 도전을 통해 새로운 의미를 발견할 수 있다.

5060세대는 도전을 통해 성장과 발전을 도모할 수 있는 많은 기회가 있다. 새로운 도전을 통해 자신을 재발견하고, 사회에 새로운 가치를 더하며, 삶을 의미 있고 풍요롭게 만들 수 있다. 도전은 쉽지 않지만, 이를 통해 얻을 수 있는 성장과 발전은 매우 값진 결과를 가져다줄 것이다.

인생 2막을 위한
지속적인 성장을 위해

5060세대는 인생에서 중요한 전환점을 맞이하고 있다. 이 시기는 단순히 퇴직 후 남는 시간을 어떻게 보낼지 고민하는 시기가 아니다. 오히려 새로운 가능성과 기회의 시간이 될 수 있다. 우리는 '인생 2막'을 준비해야 한다. 이것은 그동안의 경험과 지혜를 바탕으로 더 나은 삶을 설계하는 시간이자, 새로운 도전과 성장을 향한 출발선이다. 은퇴 이후의 삶을 더 의미 있고 활기차게 만들기 위해 우리는 더 이상 멈춰 있을 수 없다. 인생 2막의 준비는 미래의 성공을 위한 첫걸음이며, 도전은 그 과정에서 가장 중요한 열쇠다.

두 번째 인생을 위한 준비

인생 2막은 단순히 퇴직 후 휴식과 여유를 즐기는 시간이 아니다. 그보다는 오히려 새로운 가능성과 성장의 시기다. 우리는 인생 전반부 동안 쌓아온 경험과 지혜를 바탕으로, 더 큰 성취를 이루기 위한 기회를 마주하고 있다. 이 시기에 과거의 성취에 안주하지 않고, 더 나은 미래를 향한 새로운 도전과 목표를 세울 수 있다.

끊임없는 배움과 성장

은퇴가 끝이 아니라는 사실을 깨닫는 것이 중요하다. 우리는 평생 학습의 시대에 살고 있다. 기술은 빠르게 변화하고, 사회는 끊임없이 진화하고 있다. 이러한 변화에 적응하기 위해 우리는 끊임없이 배우고 성장해야 한다. 새로운 기술을 배우고, 다양한 경험을 쌓는 것은 우리 인생 2막의 성공을 위한 필수적인 요소다. 배움과 성장은 나이를 불문하고 가능하다. 새로운 것을 배우는 과정에서 우리는 자신에 대한 새로운 면을 발견하게 될 것이며, 그 과정은 인생을 더욱 풍요롭게 만들어줄 것이다.

후회 없는 삶

5060세대가 도전에 나서야 하는 또 하나의 중요한 이유는 '후회 없는 삶'을 살기 위해서다. 많은 사람이 은퇴 후 편안히 쉬어야 한다고 생각한다. 그러나 이 시기를 단지 휴식으로만 보내기에는 우리의 시간이 너무나도 소중하다. 만약 하고 싶었지만 시도하지 못했던 것들이 있다면, 지금이 바로 그 도전을 시작할 적기다. 시간이 지나고 나서 후회하지 않으려면, 우리는 지금 바로 작은 시도라도 해보는 용기를 가져야 한다.

미래를 향한 여정

도전은 단지 현재의 어려움을 극복하는 것만이 아니다. 더 나은 미래를 만들기 위한 준비 과정이다. 우리는 나이가 들어도 여전히 더 나은 내일을 위해 준비해야 한다. 도전은 단기적인 성취보다는 장기적인 비전을 설정하고 그 방향으로 꾸준히 나아가는 과정이다. 인생 2막의 성공은 현재에만 국한되지 않고, 미래의 가능성을 열어주는 도전에서 비롯된다.

삶은 도전의 연속이다. 그 도전이 우리의 인생을 더욱 빛나게 만든다. 두려움에 맞서고, 실패를 두려워하지 않으며, 끝없이 도전하는 것. 그것이 5060세대가 남은 삶을 살아가는 방식이다. 인생 2막에서 우리는 새로운 도전을 통해 더 나은 자신과 더 나은 세상을 만들어 나갈 수 있다.

인생 2막은 끝이 아니다. 오히려 새로운 시작이다. 이 새로운 시기에 다시 한번 도전할 수 있는 기회가 주어졌다. 도전하는 사람만이 인생의 주인공이 될 수 있다. 남은 삶을 더 의미 있고 빛나게 만들기 위해서는 새로운 도전이 꼭 필요하다. 우리는 이 도전을 통해 더 나은 자신을 발견하고, 더 나은 미래를 설계할 수 있다.

그러나 많은 사람은 도전의 필요성을 알면서도 도전하지 않는다. 두려움과 불안이 그들의 발목을 잡는다. 하지만 생각만으로는 아무것도 바뀌지 않는다. 무언가를 시작하지 않으면, 우리에게 남은 시간은 그저 흘러갈 뿐이다. 두려움에 맞서라. 실패를 두려워하지 마라. 인생 2막은 우리의 도전으로 더욱 빛나게 될 것이다.

가족과 세대 간의
가치를 위해

5060세대는 인생의 후반부에 접어들면서 삶이 고착되는 경향이 있지만, 이때야말로 새로운 도전을 시작할 중요한 시기다. 도전은 개인의 성장을 촉진할 뿐만 아니라, 가족들에게도 중요한 메시지를 전달한다. 특히, 가족 내에서 부모로서 해야 할 역할이 변화하는 상황에서 도전은 자녀들에게 삶의 중요한 가치를 가르치고, 가족 간의 유대감을 강화하는 힘이 있다. 이러한 도전은 단순한 개인적 선택이 아닌, 가족 전체에 긍정적인 영향을 미치며 새로운 가족 관계를 형성해 나가는 데 중요한 역할을 한다.

자녀들의 본보기

5060세대는 자녀들에게 중요한 본보기가 된다. 자녀들은 부모가 어떻게 나이 들어가는지를 통해 인생의 방향을 설정하고, 자신들의 미래를 예측하기 마련이다. 우리가 삶의 후반부에 도전을 포기하지 않고, 새로운 길을 개척하는 모습을 보이면 자녀들도 그것을 보고 배운다. 나이와 관계없이 배우고, 성장하며, 도전할 수 있다는 사실을 부모가 몸소 보여주는 것은 자녀들에게도 강한 동기부여가 된다. 도전하는 부모는 자녀들에게 용기와 인내심, 그리고 끈기를 가르치는 최고의 교사가 된다.

자녀들에게는 단순한 조언이나 말로 전하는 가르침보다, 부모가 직접 행동으로 보여주는 본보기가 훨씬 더 큰 영향력을 발휘한다. 만약 부모가 은퇴 후에도 꾸준히 새로운 일에 도전하며, 삶의 에너지를 유지한다면 자녀들은 이를 보고 자신들의 삶에도 그 원칙을 적용할 가능성이 크다. 이러한 부모의 도전은 자녀들에게 그들의 인생에서 어떤 어려움이 닥쳐도 굴하지 않고 나아갈 수 있다는 메시지를 전한다.

가족 내에서의 역할 재정립

나이가 들면, 가족 내에서의 역할도 변화하게 된다. 부모, 자식의 역할은 계속 바뀌고, 그에 따라 우리의 위치도 달라진다. 도전은 이러한 변화 속에서 우리 자신을 다시 찾게 한다. 은퇴는 종종

한 사람의 가장 중요한 역할을 빼앗는다. 이는 단순히 일자리의 상실이 아니라, 존재의 의미를 잃게 한다. 이를 피하기 위해서도 도전을 멈춰서는 안 되는 것이다. 도전을 통해 우리는 가족 내에서의 새로운 역할을 정립할 수 있다. 그것이 경제적이든, 감정적이든, 도전은 우리를 가족의 중심에 서게 한다.

세대 간 연결고리 역할

5060세대는 세대 간 연결고리 역할을 한다. 우리는 부모님 세대와 자녀 세대를 이어주는 중요한 다리다. 도전은 이 연결고리를 더 강하게 만든다. 우리가 새로운 것을 배우고, 변화를 받아들이는 모습을 보일 때, 자녀들은 그 과정에서 교훈을 얻는다. 또한, 부모님 세대와의 교감 속에서 도전은 세대 간의 이해를 돕는다. 도전하는 삶은 가족 간의 연결고리를 더 깊고 단단하게 만든다.

5060세대가 새로운 도전을 시작하는 것은 가족들에게 중요한 본보기가 된다. 자녀들에게는 삶의 본보기로, 세대 간의 연결고리로, 가족 내에서의 새로운 역할을 정립하는 기회로 작용하며, 가족 전체에 긍정적인 영향을 미친다. 도전은 가족 구성원들이 더 나은 삶을 살도록 이끄는 힘이며, 평생 학습과 변화의 중요성을 가르치는 중요한 과정이다. 이 도전은 단순히 개인의 만족을 넘어, 가족 모두가 함께 성장할 수 있는 기회를 제공한다. 5060세대의 도전은 세대 간의 가치를 이어주며, 가족 간의 새로운 유대감을 만들어 간다.

경제적 자립과
새로운 기회 창출을 위해

5060세대가 도전에 나서야 하는 중요한 이유 중 하나는 경제적 자립과 새로운 기회 창출의 필요성이다. 이 나이에 이르러 많은 이들이 은퇴를 맞이하지만, 경제적 불안정성은 여전히 큰 부담으로 남는다.

기존의 직장에서 물러나거나 고정된 수입원이 없어진 상황에서 새로운 형태의 수익 창출이 필요하며, 이는 단순히 생계유지를 넘어, 삶의 질을 높이기 위한 필수적인 요건이 된다.

은퇴 후의 경제적 불안정성

많은 5060세대는 오랜 기간 직장생활을 하며 경제적 안정을 누렸지만, 은퇴 이후에는 고정적인 수입원이 줄어들거나 사라지면서 새로운 문제에 직면하게 된다. 은퇴 후의 경제적인 공백은 그들의 삶에 큰 영향을 미친다. 또한, 연금만으로는 충분한 생활비를 마련하기 어렵다는 사실도 도전을 고려하게 만드는 주요 요인이다. 이 세대가 경제적 자립을 위해 새로운 기회를 창출하는 것은 단지 생계를 위한 것이 아니라, 나이가 들어서도 자부심을 유지하며 사회적 역할을 지속할 방법을 제공한다.

새로운 경제적 기회 창출의 필요성

5060세대는 과거의 경험과 경력을 바탕으로 새로운 경제적 기회를 창출할 수 있는 능력이 있다. 창업, 프리랜서 활동, 또는 전문성을 살린 컨설팅과 같은 다양한 방법으로 수입을 창출할 수 있다. 이러한 활동은 단순한 수익 이상의 가치를 제공한다. 경제적 자립은 개인의 삶에 대한 통제력을 강화하며, 자신의 가치와 역량을 다시 한번 확인할 수 있는 기회를 제공한다.

제2의 직업 또는 사업의 기회

많은 5060세대가 은퇴 후 제2의 직업이나 사업을 시작하는 이유는 경제적 자립뿐 아니라, 자기만족과 성취감을 느끼기 위함이다. 그동안 쌓아온 전문 지식과 경험을 활용해 새로운 분야에서 도전하는 것은 개인의 발전뿐 아니라 사회적 기여를 가능하게 한다. 예를 들어, 기술 분야의 전문가가 자신의 지식을 바탕으로 교육 프로그램을 운영하거나, 창업을 통해 새로운 아이디어를 시장에 내놓는 일은 개인의 경제적 자립을 넘어 사회적으로도 큰 가치를 창출할 수 있다. 이러한 과정은 자신이 여전히 사회에서 중요한 역할을 할 수 있음을 확인하게 해준다.

자립적인 노후 생활을 위한 준비

현대 사회에서는 노후의 삶이 길어지면서 경제적인 문제가 더 큰 고민거리가 되었다. 노후를 대비한 준비가 부족할 경우, 경제적 문제는 삶의 질을 크게 저하시킬 수 있다. 이를 방지하기 위해서는 경제적 자립을 위한 준비가 필수적이며, 이는 단순한 저축이나 연금만으로는 부족할 수 있다. 특히 5060세대는 본격적으로 노후를 맞이하기 전 새로운 도전을 통해 경제적 기반을 마련함으로써, 안정적이고 자립적인 노후를 계획할 수 있다.

5060세대가 도전을 멈추지 말아야 하는 이유는 단순히 경제적 이유에서 그치지 않는다. 도전을 통해 새로운 기회를 창출하고, 경제적으로 자립함으로써 삶의 질을 높이고, 더 나아가 사회에 기여할 가능성을 열어두는 것이다. 경제적 자립은 나이가 들수록 더욱 중요해지며, 새로운 도전은 단순히 수익 창출을 넘어 삶의 의미와 가치를 재발견할 수 있는 기회가 된다.

도전의
첫걸음 내딛기

∗

    도전의 첫걸음은 새로운 시작을 의미하며, 두려움을 극복하는 용기가 필요하다. 특히 5060세대에게는 안정적인 삶을 유지해오던 패턴에서 벗어나 새로운 도전을 향해 나아가는 것이 쉽지 않다. 그러나 변화는 도전의 본질이며, 첫걸음을 내딛는 순간이야말로 성공을 향한 중요한 시작점이 된다.

    도전의 첫걸음은 마음가짐의 변화에서 시작된다. 오랜 기간 유지해온 익숙한 일상에서 벗어나 새로운 분야에 뛰어드는 것은 두려움을 동반할 수 있다. 하지만 5060세대는 이미 삶을 통해 수많은 어려움을 극복해온 경험이 있다. 이 경험을 바탕으로, 두려움을 기회로 전환하는 긍정적 사고가 필요하다. '내가 할 수 있을까?'라는 의구심보다는 '이제 해낼 때다'라는 자신감이 첫걸음을 내딛게 한다.

    도전의 첫걸음을 내딛기 위해서는 구체적인 계획이 필요하다. 무턱대고 뛰어드는 것이 아니라, 자신이 도전하고자 하는 분야를 명확히 설정하고 그에 맞는 계획을 세우는 것이 중요하다. 5060세대는 오랜 경력을 통해 쌓아온 지식과 경험을 활용할 수 있는 기회가 많기 때문에, 자신이 잘할 수 있는 것을 바탕으로 현실적이고 달성 가능한 목표를 설정하는 것이 성공적인 도전의 첫걸음이 될 수 있다.

도전의 첫걸음은 반드시 거대한 목표를 향한 것이 아니어도 된다. 작은 성공을 경험하는 것이 자신감을 키우는 중요한 과정이 될 수 있다. 예를 들어, 새로운 기술을 배우거나 작은 프로젝트를 시작해보는 것이나, 온라인 강의를 듣고 이를 실생활에 적용하는 일도 첫걸음으로 적합하다. 작은 성공은 큰 도전을 위한 발판이 되며, 이를 통해 자신이 새로운 것을 해낼 수 있다는 확신을 얻게 된다.

도전의 첫걸음은 실패할 가능성을 내포하고 있다. 그러나 실패는 도전의 일부이며, 그 자체로 가치 있는 경험이다. 5060세대는 이미 많은 인생 경험을 통해 실패가 곧 끝이 아님을 알고 있다. 중요한 것은 실패를 통해 배울 수 있는 점을 찾아내고, 이를 개선해 나가는 과정이다. 실패는 성장의 과정이며, 도전하는 과정에서 필연적으로 마주할 수 있는 경험이다.

도전의 첫걸음을 내딛는 것은 쉽지 않지만, 그만큼 가치 있는 행위다. 있다. 두려움을 용기로 바꾸고, 작은 성공을 경험하며, 실패를 받아들이는 자세로 도전한다면, 새로운 기회를 창출할 수 있다. 도전의 첫걸음은 더 나은 미래를 위한 출발점이며, 그 여정 속에서 경제적 자립과 개인적 성취를 동시에 이루어낼 수 있다.

구체적인 목표를
설정하라

    도전을 시작할 때 가장 중요한 요소 중 하나는 구체적인 목표를 설정하는 것이다. 막연한 목표는 방향성을 잃게 만들고, 도중에 포기할 가능성을 높인다.

    길고 험난한 여정을 시작하기에 앞서, 나아갈 길을 정확히 설정하는 것은 필수적이다. 구체적인 목표는 나침반과 같다. 목표가 없다면 우리는 어디로 가야 할지 알 수 없다. 마치 바람에 떠밀리는 배처럼 목적 없이 떠다닐 뿐이다. 목표는 우리에게 방향을 제시하고, 그 방향이 분명할수록 우리는 그 길을 끝까지 걸어갈 힘을 얻는다.

    목표는 단순한 희망 사항이 아니다. 구체적으로 무엇을, 언제,

어떻게 이루겠다는 명확한 계획이 있어야 한다. 막연한 목표는 동기 부여를 지속하기 어렵기 때문에 성과로 이어지지 않는다.

목표 설정 방법

피터 드러커는 이를 위해 《경영의 실제(the practice of management)》에서 **SMART 목표** 설정 방식을 제안한다. SMART는 목표를 구체적으로 정의하고 달성 가능하게 만드는 5가지 중요한 요소의 약자다.

목표는 **구체적**(specific)이어야 한다. '성공적인 블로그를 운영하겠다'라는 목표는 너무 광범위하다. 대신, '1년 내에 매일 포스팅을 하고 10,000명의 독자를 확보하겠다'라는 목표는 훨씬 명확하다. 구체적으로 무엇을 언제까지 이루어야 하는지를 명확히 하라.

목표는 **측정 가능**(Measurable)해야 한다. 숫자와 지표를 사용해 달성 여부를 평가할 수 있어야 한다. '판매량을 늘리겠다'라는 목표보다는 '3개월 내에 20% 판매량을 증가시키겠다'라는 목표가 더 효과적이다.

목표는 **현실적**(Achievable)이어야 한다. 비현실적인 목표는 실망감을 조래할 수 있다. '2개월 내에 회사를 IPO(Initial Public Offering, 기업 공개) 시키겠다'는 비현실적일 수 있다. 대신 '6개월 내에 30% 매출 성장을 달성하겠다'라는 목표가 더 현실적이다.

목표는 자신의 인생 목표, 가치관과 **관련**(Relevant)이 있어야 한다. 장기적 비전과 맞지 않는 목표는 중도에 포기할 가능성이 크다. 당신의 목표가 장기적 비전과 일치하는지 점검하라.

목표는 일정한 **시간 안**(Time-bound)에 달성 가능해야 한다. '언젠가 이루겠다'라는 목표는 늘 지연된다. 대신 '3개월 내에 이룬다'라는 구체적인 마감일을 설정하라.

단계별 계획 작성

큰 목표를 달성하기 위해서는 이를 여러 단계로 나누어 중간 목표를 설정하는 것이 필요하다. 제임스 클리어(James Clear)는 이를 해결하기 위해, 목표를 아주 작은 단계로 나누어 달성해 나가는 방식을 제안한다. 이 방식은 심리적 부담을 줄이고, 작지만 꾸준한 행동이 장기적으로 큰 변화를 만들어낸다는 원리를 설명한다. 예를 들어, '6개월 내에 책을 출판하겠다'라는 목표가 있다면, 이를 '1개월 내에 첫 장을 완성하겠다', '3개월 내에 원고를 완성하겠다',

'5개월 내에 편집을 끝내겠다'와 같은 단계로 나눌 수 있다.

주기적인 점검

목표를 향해 나아가는 과정에서 주기적인 점검이 필요하다. 매주 또는 매월 목표 진행 상황을 점검하며, 계획을 조정하는 것이 중요하다. 목표 달성의 진척을 확인하고, 필요한 조정을 통해 목표를 향해 더욱 가까워질 수 있다. 목표를 달성했을 때는 스스로 축하하고, 그 과정에서 얻은 교훈을 반영해 끊임없이 동기 부여를 하는 것이 좋다.

구체적인 목표를 설정한 후에는 이를 시각화하고 기록하는 것이 중요하다. 목표를 향한 여정에서 가장 중요한 것은 동기 부여를 유지하는 것이다. 목표를 시각적으로 표현해 자주 확인하라. 비전 보드에 목표를 적어놓고, 매일 눈에 띄는 곳에 두어 자신의 목표를 상기시킨다. 또한, 작은 성취를 이룰 때마다 자신을 격려하고, 그 과정에서 얻은 성취감을 느끼는 것이 중요하다.

목표는 그 자체로 강력한 동력이 된다. 구체적이고 명확한 목표를 설정하고, 이를 달성하기 위해 세심하게 계획하고 점검하는 것은 성공으로 향하는 첫걸음이다. 목표가 없다면 여정은 무의미하다. 목표를 세우고, 그 목표를 향해 나아가며, 매일 조금씩 성장하는 것이야말로 당신의 성공을 향한 핵심 열쇠일 것이다.

| 사례 |

- **사례 1 :** 체중 감량
  구체적인 목표 : '3개월 내에 5kg 감량하기'

- **사례 2 :** 직업 변화
  구체적인 목표 : '6개월 내에 데이터 분석 관련 자격증 취득하기'

- **사례 3 :** 재정 관리
  구체적인 목표 : '1년 내에 1,000만 원 저축하기'

- **사례 4 :** 독서
  구체적인 목표 : '2024년 한 해 동안 10권의 책 읽기'

- **사례 5 :** 학습
  구체적인 목표 : '다음 3개월 동안 매주 2시간씩 영어 공부하기'

구체적인
계획을 세워라

구체적인 목표를 설정한 다음에는 이를 실현하기 위한 계획을 세우는 것이 필수적이다. 계획은 목표를 달성하는 과정을 체계적으로 나누어주는 역할을 하며, 큰 목표도 작은 단계들로 나누면 훨씬 실현 가능해 보인다.

단계별 실행 계획 수립

목표가 아무리 명확해도, 실행할 계획이 없다면 그 목표는 이루기 어렵다. 계획을 세울 때는 큰 목표를 작은 단위로 세분화하는 것이 중요하다. 예를 들어, 새로운 기술을 배워서 자격증을 취득하는 게 목표라면, 이를 주 차별 또는 월별 계획으로 세분화할 수 있다. 첫 번째 달에는 기초 이론을 학습하고, 두 번째 달에는 실습에

중점을 두며, 세 번째 달에는 모의시험을 준비하는 식으로 계획을 세운다.

일정을 구체적으로 설정하기

계획을 세울 때는 구체적인 일정을 포함해야 한다. 마감일이 정해지지 않은 계획은 쉽게 미루게 되고, 결국 실행에 옮기지 못할 가능성이 크다. 예를 들어, 창업을 목표로 한다면 '언젠가 사업을 시작하겠다'라는 막연한 계획보다는 '3개월 내로 사업 아이템을 정하고, 6개월 안에 첫 판매를 시작하겠다'라는 식으로 구체적인 타임라인을 설정하는 것이 중요하다.

특히, 5060세대는 체력과 시간 관리를 신중히 고려해야 한다. 지나치게 무리한 일정을 잡기보다는 현실적인 일정을 계획해 지치지 않게 하는 것이 중요하다. 일정을 구체화하면 자신의 속도를 파악하고 꾸준히 진행할 수 있는 기반을 마련할 수 있다.

유연한 계획 조정의 필요성

계획을 세우는 것도 중요하지만, 그 계획을 유연하게 조정할 수 있는 능력도 필요하다. 인생은 예상치 못한 일들로 가득 차 있으므로 처음 세운 계획대로만 진행되지 않을 가능성이 크다. 하지만 그렇다고 목표 자체를 포기해서는 안 된다. 상황에 맞춰 계획을 조정하면서도 최종 목표를 잊지 않고 유지하는 것이 성공의 핵심이다.

예를 들어, 자격증 시험을 준비하는 과정에서 예상보다 시간이 더 걸리거나, 건강 문제로 잠시 학습을 중단해야 하는 경우가 생길 수 있다. 이럴 때는 계획을 수정해 목표 달성의 속도를 늦추거나 방식을 조정하는 것이 필요하다.

지속적인 모니터링과 피드백

계획을 실행하는 과정에서 중요한 점은 자신이 어디까지 왔는지 주기적으로 점검하는 것이다. 처음 세운 계획이 제대로 진행되고 있는지, 중간에 장애물에 부딪히지는 않았는지를 확인하는 과정을 통해 계획을 보완하고 더 나은 방향으로 나아갈 수 있다. 이러한 모니터링 과정은 도전의 성공 여부를 좌우하는 중요한 단계이며, 피드백을 통해 계획의 완성도를 높일 수 있다. 꾸준히 피드백을 받아들이고 개선해 나가는 과정이 성공적인 도전의 비결이다.

구체적인 계획을 세우는 것은 도전의 성공을 위한 필수 과정이다. 단계별 실행 계획, 구체적인 일정 설정, 그리고 지속적인 모니터링과 피드백은 모두 도전의 성공을 위한 중요한 요소들이다. 이 요소들을 잘 활용한다면 새로운 도전에서도 성공을 거둘 수 있다.

| 사례 |

1. 목표 : '3개월 내에 5kg 감량하기'

2. 구체적인 계획

　(1) 식단 관리

　　　① 매일 1,500칼로리 이하로 섭취하기

　　　② 주 3회 샐러드와 채소 위주의 식사하기

　　　③ 주말에 건강한 간식(과일, 요거트) 선택하기

　(2) 운동 계획

　　　① 매주 5회 30분 이상 유산소 운동(조깅, 자전거 타기) 실시

　　　② 매주 2회 근력 운동(헬스장, 홈트레이닝) 실시

도전할
용기를 가져라

    도전할 용기는 단순히 두려움을 극복하는 것이 아니라, 두려움을 인정하면서도 앞으로 나아가는 힘이다. 두려움은 누구나 느끼는 감정이며, 이를 마주하는 것이 곧 용기의 시작이다. 도전은 위험을 감수하는 것이고, 불확실한 미래를 향해 나아가는 용기다. 우리의 삶이 앞으로 나아가지 못하고, 같은 자리를 맴도는 이유는 도전할 용기가 없기 때문이다. 과거의 경험과 습관에 안주하는 순간, 우리 삶은 정체되기 시작한다. 어제와 똑같은 삶을 지속하면, 삶은 평온할 수 있지만 진정한 의미를 찾을 수는 없다.

    우리는 안전한 곳에서 벗어나 새로운 환경에 발을 들여놓아야 할 때가 있다. 익숙하고 편안한 곳에서 떠나는 것이 어렵게 느껴질지라도, 그곳에야말로 진정한 성장이 기다리고 있다. 도전은 우리를 변하게 만들고, 새로운 기회를 제공한다. 안전한 울타리를 벗어나지 않으면 우리는 진정한 삶의 의미를 찾을 수 없으며, 도전을 통해 비로소 진짜 인생을 발견하게 된다.

많은 사람이 도전을 두려워한다. 그들은 실패와 상처, 그리고 익숙한 것을 떠나는 데 대한 두려움에 휩싸인다. 하지만 도전은 두려움을 직시하고 극복하는 과정에서 시작된다. 실패는 피할 수 없는 것이며, 이를 통해 우리는 더 나은 방향으로 나아갈 수 있다. 실패하지 않고서는 배울 수 없고, 실패야말로 도전의 진정한 가치와 의미를 배울 수 있는 기회를 제공한다.

도전은 결코 쉬운 일이 아니다. 하지만 도전을 받아들이는 순간, 그 두려움은 사라지기 시작하고 우리는 한 걸음 더 나아갈 수 있게 된다. 용기 없이 우리는 아무것도 얻을 수 없으며, 용기야말로 도전의 첫걸음을 내딛는 중요한 원동력이다. 도전은 생각만으로는 이루어지지 않는다. 마음속에 품은 용기를 행동으로 옮기는 순간이 가장 중요하다.

도전할 용기, 행동으로 옮기기

도전을 앞두고 있을 때, 첫걸음을 내딛는 것이 가장 어렵다. 그러나 그 첫걸음을 내딛는 순간, 길은 열리고 새로운 가능성이 보이기 시작한다. 우리는 그저 마음속에서 용기를 다짐하는 것만으로는 충분하지 않다. 그 다짐을 실제 행동으로 옮겨야 한다. 그렇지 않으면 그 다짐은 단지 헛된 꿈에 불과하게 된다. 많은 사람이 도전을 마음속으로만 생각하고 실천하지 못하는 이유는 바로 이 행동으로 옮기는 용기에서 비롯된다.

도전의 의미는 결과에만 있는 것이 아니다. 그것은 그 과정 자체에 있다. 어떤 목표를 달성했을 때 느끼는 성취감은 일시적일 수 있지만, 그 목표를 향해 나아가는 동안 배우고 경험하고 성장하는 과정은 우리 삶에 깊이 각인된다. 도전이 없다면, 우리의 삶은 단순한 반복에 지나지 않는다. 매일 같은 길을 걷고, 같은 일을 하며, 같은 사람들을 만나면서는 새로운 것을 발견하기 어려울 것이다.

도전이 주는 변화와 성장

도전은 우리를 변화시킨다. 그것은 우리 자신을 새로운 사람으로 거듭나게 만든다. 도전은 우리의 한계를 깨닫게 하고, 그 한계를 뛰어넘을 수 있도록 해준다. 도전을 통해 우리는 스스로 새롭게 정의할 수 있으며, 더 나아가 우리의 인생을 변화시키는 힘을 얻게 된다. 그러나 대부분 사람은 도전을 두려워하고, 도전에 대한 결심이 금세 사라지고 만다. '작심삼일'이라는 말처럼, 도전에 대한 결심은 단명하기 쉽다. 하지만 도전 없이는 성공도 없다. 성공의 가능성은 도전을 통해서만 열릴 수 있다.

도전 전의 당신과 도전 후의 당신은 절대 같지 않다. 도전은 당신을 더 강하게 만들고, 시야를 넓히며, 새로운 가능성을 발견하게 한다. 도전은 단순한 실천 이상의 가치가 있다. 그것은 당신의 영혼을 깨우고, 삶의 진정한 의미를 다시 한번 상기시켜 준다. 도전은 당신이 생각하지 못했던 새로운 길을 열어줄 것이며, 그 길 위에서 당신은 진정한 자유와 성취를 경험하게 될 것이다.

두려움을
극복하라

두려움은 도전의 가장 큰 장애물 중 하나다. 우리는 종종 실패에 대한 두려움, 타인의 평가에 대한 두려움, 미지의 세계에 대한 두려움에 사로잡혀 도전의 첫걸음을 내딛지 못한다. 두려움은 인간의 본능적인 감정이지만, 그것에 의해 우리의 삶이 지배되도록 허용해서는 안 된다. 두려움이 커지면 우리는 멈춰 서게 된다. 도전하지 않으면 안전하게 머물 수 있을 것이라는 환상에 빠지지만, 그곳에는 성장도, 배움도 없다.

두려움을 극복하기 위해서는 두려움의 근원을 이해해야 한다. 새로운 일에 도전할 때 우리는 그 결과를 예측할 수 없어서 불안을 느낀다. 그러나 이 불확실성을 받아들이는 것이 두려움을 극복하는 첫걸음이다. 우리가 모든 것을 통제할 수는 없다. 불확실성 속에시 우리는 새로운 것을 배우고 성장한다. 도전의 과정에서 어떤 일이 일어나더라도, 그것을 배우고 성장할 기회로 삼아야 한다.

두려움을 극복하는 가장 효과적인 방법 중 하나는 그것을 직면하는 것이다. 두려움을 피하려고 하면 할수록, 그것은 더 강력해진다. 두려움을 직면하고, 그것을 작은 단계로 나누어 접근하는 것이 중요하다. 예를 들어, 무대 공포증이 있다면, 소규모의 청중 앞에서 연습하거나, 가까운 사람들 앞에서 발표하는 등의 작은 단계를 통해 두려움을 극복할 수 있다. 이러한 접근법은 두려움을 관리 가능한 수준으로 낮춰주고, 점진적으로 자신감을 쌓아준다.

두려움을 극복하기 위해서는 부정적인 생각을 긍정적인 생각으로 바꾸는 연습이 필요하다. '나는 준비가 되어 있어', '이 도전은 나를 성장시킬 거야'와 같은 긍정적인 자기 대화는 두려움을 줄이고, 자신감을 키워준다. 두려움을 극복하는 것은 결코 쉬운 일이 아니다. 그것은 끊임없는 연습과 인내를 요구한다. 그러나 두려움을 이겨내고 첫걸음을 내디딜 때, 우리는 더 큰 도전들에 맞설 준비가 된 자신을 발견할 수 있다.

두려움은 누구나 느끼는 자연스러운 감정이다. 그러나 그 두려움을 인정하고, 그것을 극복하기 위한 방법을 찾는 것이 도전의 첫걸음이다. 무엇보다도 자신을 믿는 태도가 있을 때, 두려움은 더 이상 도전의 장애물이 아니라 성장의 촉매제가 된다. 두려움을 극복한 후의 삶은 더욱 풍요롭고 다채로워지며, 우리는 새로운 기회와 가능성을 찾게 된다. 이러한 경험을 통해 우리는 삶의 새로운 지평을 열 수 있다. 두려움이 가득한 세계에서 벗어나, 도전의 길로 나아갈 용기를 가져라. 그러면 우리는 한 단계 더 성장할 수 있을 것이다.

행동하라

목표를 세우는 것은 도전의 첫 단계일 뿐, 그것만으로 도전이 완성되지는 않는다. 중요한 것은 그 목표를 실현하는 데 필요한 행동을 취하는 것이다. 행동은 단순히 움직이는 것이 아니라, 체계적이고 구체적인 계획을 세워 이를 실행해 나가는 전 과정이다. 이는 도전의 성공 여부를 결정짓는 가장 핵심적인 요소다.

목표와 행동의 차이를 명확히 이해하는 것이 중요하다. 목표는 우리가 가고자 하는 지점을 말하지만, 그 목표에 도달하기 위한 실제적 노력, 즉 행동이 없다면 그 목표는 결국 머릿속 상상에 불과하다. 예를 들어, 새로운 기술을 배우겠다는 목표를 세웠다면, 구체적인 행동으로 학습 계획을 세우고 이를 실천하는 과정이 꼭 필요하다. 학습 자료를 수집하고, 시간표를 짜며, 매일 꾸준히 공부하는 행동이 뒷받침되어야만 목표를 달성할 수 있는 것이다.

　목표 달성을 위한 행동은 무작정 이루어지는 것이 아니라, 세밀한 계획과 준비가 동반되어야 한다. 도전하고자 하는 분야에 대해 철저히 분석과 필요한 자원과 기술을 파악하며, 단계별로 실천할 계획을 수립하는 것이 필요하다.

　또한, 실행의 지속성이 도전의 성패를 가른다. 도전은 종종 긴 시간과 인내를 요구하며, 즉각적인 결과를 얻기 어렵다. 이러한 과정에서 끊임없이 행동을 지속하는 것이 매우 중요하다. 중간에 어려움이 생기더라도 포기하지 않고, 꾸준히 실천하는 자세가 성공으로 이어진다. 작은 일부터 차근차근 행동으로 옮기고, 매일 조금씩 목표에 가까워지는 노력이 쌓이면 결국 큰 성과를 이룰 수 있다. 이러한 지속적인 행동이 없으면 목표는 머릿속에서만 맴돌 뿐, 현실에서는 이루어지지 않는다.

　더불어, 실행하는 동안의 유연함도 중요한 요소다. 처음 세운 계획이 예상대로 진행되지 않을 때도 있다. 예기치 않은 장애물이나 변수들이 발생할 수 있는데, 이때 상황에 맞춰 계획을 조정하고 새로운 방안을 찾는 유연한 대응이 필요하다. 행동 과정에서 직면한 문제에 당황하거나 좌절하지 않고, 그 상황을 재정비하는 능력은 도전의 성공 확률을 높인다. 예를 들어, 새로운 시장에 진출하려 했는데, 예상치 못한 규제나 경쟁의 벽에 부딪힐 경우, 이를 피할 수 있는 다른 방안을 모색하고 실행하는 것이 필요하다.

마지막으로, 행동은 변화를 만드는 원동력이다. 도전은 결국 기존의 안정적인 삶에서 벗어나 새로운 변화를 모색하는 것이기 때문에, 그 변화를 일으킬 수 있는 것은 행동뿐이다. 새로운 기술을 배우거나, 창업을 시도하거나, 기존 업무 수행 방식을 혁신하는 등, 행동을 통해 현실에서 변화를 이끌어가는 것이야말로 도전의 본질이다.

결론적으로, 행동은 도전의 시작이자 끝이다. 목표를 설정하는 것만으로는 도전이 완성되지 않으며, 이를 실현하기 위해서는 구체적이고 지속적인 행동이 필수적이다. 체계적인 계획, 꾸준한 실행, 그리고 변화에 대한 유연한 대응을 통해, 도전은 성공적인 결과로 이어질 수 있다.

작은 도전에서
큰 도전으로

    도전의 길은 한 번에 뛰어넘을 수 없는 계단과 같다. 큰 도전을 시작하기 전에, 우리는 작은 도전들로부터 경험을 쌓아야 한다. 도전은 작은 발걸음에서 시작된다. 큰 목표를 이루고자 한다면, 그에 앞서 작은 목표들을 완수해야 한다. 이는 피할 수 없는 진리다. 작은 도전은 우리에게 자신감을 주고, 더 큰 도전에 대비할 수 있는 기초를 마련해준다.

    먼저, 작은 도전의 중요성을 이해해야 한다. 많은 사람은 작은 도전이 중요하지 않다고 생각하고, 곧바로 큰 목표를 향해 나아가려 한다. 그러나 작은 도전은 우리가 실수하고 배우며, 점차 성장할 수 있는 기회를 제공한다. 예를 들어, 마라톤을 완주하고 싶은 사람은 곧바로 42.195km를 달릴 수 없다. 그는 먼저 짧은 거리부터 달려야 하고, 그 과정에서 자신의 한계를 이해하며, 점차 더 긴 거리를 목표로 나아가야 한다. 이 과정이 바로 성장이다.

작은 도전은 또한 우리에게 중요한 교훈을 제공한다. 이 과정에서 우리는 목표를 이루는 데 필요한 준비와 노력을 깨닫게 된다. 작은 도전에서 성공하거나 실패하는 경험은 큰 도전을 위한 좋은 연습장이 되며, 우리가 원하는 목표에 도달하기 위해 어떤 전략이 필요한지를 배우게 된다. 예를 들어, 새로운 기술을 배우고자 하는 사람은 먼저 그 기술의 기초부터 배우고, 점차 심화 내용을 학습해 나가야 한다. 작은 도전은 그러한 과정을 통해 우리가 필요로 하는 능력과 지식을 쌓게 해준다.

작은 도전을 통해 얻을 수 있는 또 다른 이점은 동기 부여다. 큰 도전에서 실패하는 것은 치명적일 수 있지만, 작은 도전에서의 실패는 그렇지 않다. 작은 실패는 오히려 배움의 기회다. 작은 도전을 성공적으로 마치면, 우리는 성취감을 느끼고, 그 성취감이 더 큰 도전을 향해 나아갈 동기를 부여한다. 이 작은 성취들이 쌓이면서 우리는 자신에 대한 신뢰를 쌓고, 더 큰 목표를 이루기 위한 용기를 얻게 된다.

또한, 작은 도전은 자신을 돌아보고 반성할 수 있는 기회를 제공한다. 작은 목표를 이루기 위해서는 계획을 세우고, 이를 실행에 옮겨야 한다. 이 과정에서 우리는 자신의 강점과 약점을 인식하게 되고, 개선할 수 있는 부분을 찾게 된다. 이러한 자아 성찰은 이후 더 큰 도전에 도전할 때 큰 도움이 된다.

마지막으로, 작은 도전들은 실패에 대한 두려움을 줄여준다. 큰 도전에서 실패하는 것은 치명적일 수 있지만, 작은 도전에서의 실패는 그렇지 않다. 작은 실패는 오히려 배움의 기회다. 작은 실패들은 큰 실패를 예방할 수 있는 중요한 경험이 된다. 이를 통해 우리는 실패에 대한 두려움을 줄이고, 더욱 담대하게 도전에 나설 수 있다.

작은 도전에서 큰 도전으로 나아가는 것은 단계적인 성장 과정이다. 작은 목표를 하나씩 달성하면서 자신감을 쌓고, 그 자신감을 바탕으로 더 큰 도전을 향해 나아갈 수 있다. 작은 성공을 통해 결국 큰 성취로 이어지며, 인생의 후반부에도 지속적인 성장을 가능하게 만든다.

결국 작은 도전은 단순한 목표 달성이 아니라, 우리의 삶을 변화시키는 중요한 과정이다. 이를 통해 우리는 인내심을 기르고, 어려움을 극복할 수 있는 능력을 기를 수 있다. 작은 도전을 통해 쌓아 올린 자신감과 경험은 결국 우리의 삶에 긍정적인 영향을 미치며,

더 나아가 큰 도전에서도 성공할 수 있는 발판이 되어줄 것이다. 따라서 작은 도전에서 시작해 큰 도전으로 나아가는 과정은 우리 인생에 있어 필수적이고 중요한 여정임을 잊지 말아야 한다.

실패와 성공의
첫 경험을 통해 배우기

도전의 길에서 우리는 반드시 실패와 성공을 경험하게 된다. 특히 도전의 첫걸음을 내디딜 때, 이 두 가지 경험은 매우 중요하다. 첫 경험은 우리에게 깊은 인상을 남기며, 그 이후의 도전에 큰 영향을 끼친다. 이 과정에서 우리는 자신을 발견하고 성장하는 기회를 가질 수 있다.

실패의 첫 경험

우선, 실패는 피할 수 없는 경험이다. 첫 도전에서 실패했을 때, 우리는 실망과 좌절을 느낄 수 있다. 그러나 이 실패는 우리의 성장에 필수적인 요소다. 실패는 우리가 무엇을 잘못했는지, 그리고 어떻게 개선할 수 있는지를 가르쳐준다. 첫 실패는 고통스러울 수 있지만, 그것을 극복하고 다시 도전할 수 있는 용기를 키우는 것이 중요하다. 실패는 단지 결과가 아니라, 배움의 과정이다.

실패를 경험했을 때 중요한 것은 그것을 어떻게 받아들이느냐다. 실패를 개인적인 무능력으로 여기는 대신, 그것을 하나의 피드백으로 받아들여야 한다. 우리가 실패에서 배우는 것이 많을수록, 다음 도전에서 성공할 가능성도 커진다. 중요한 것은 실패를 두려워하지 않고, 그것을 성장의 기회로 삼는 자세다.

성공의 첫 경험

성공의 첫 경험 역시 중요한데, 이는 우리에게 큰 자신감을 준다. 첫 성공은 도전에 대한 우리의 신념을 강화하고, 앞으로의 도전에서 긍정적인 태도를 유지하게 한다. 그러나 첫 성공이 항상 쉽지는 않다. 많은 경우, 첫 도전에서 성공하기 위해서는 여러 번의 실패를 경험해야 한다. 그렇기에 첫 성공의 달콤함은 더욱 특별하다.

성공의 첫 경험은 도전의 길에서 우리에게 무엇이 중요한지를 깨닫게 해준다. 그것은 단순히 목표를 달성하는 것이 아니라, 그 과정에서 얻은 배움과 성장이다. 성공은 우리에게 큰 자신감을 심어주며, 이를 통해 우리는 큰 목표를 향해 나아갈 수 있는 용기를 얻게 된다. 중요한 것은 성공의 경험을 어떻게 받아들이느냐이다.

도전의 첫걸음을 내딛는 것은 결코 쉬운 일이 아니다. 두려움을 극복하고, 작은 도전에서 큰 도전으로 나아가며, 실패와 성공을 경험하는 과정은 우리를 더 강하게 만든다. 실패와 성공의 첫 경험은 도전의 출발점에서 중요한 역할을 한다. 실패는 배움의 기회이며, 성공은 자신감을 심어준다. 이 과정을 통해 우리는 도전의 진정한 의미를 깨닫게 되고, 우리의 인생을 더욱 풍요롭게 만들어준다.

실패는 반드시 경험해야 할 과정이며, 성공은 그 과정을 통해 얻게 되는 보상이다. 우리는 실패에서 배운 교훈을 바탕으로 나아가고, 성공의 기쁨은 다음 도전을 향한 또 다른 원동력이 된다. 따라서 실패와 성공의 첫 경험은 우리 인생의 중요한 이정표가 되며, 이러한 경험들이 쌓여 우리의 삶을 더욱 의미 있게 만들어준다. 도전의 과정에서 겪는 다양한 경험들은 결국 우리의 정체성을 형성하고, 더 나은 미래를 만들어가는 밑거름이 될 것이다.

이렇듯 도전은 끝이 없는 여정이다. 첫걸음을 내딛는 자만이 더 먼 길을 갈 수 있다.

도전에서 마주하는
장애물

＊

도전의 과정에서 마주하는 주요 장애물은 두려움, 불안, 부정적인 의견, 실패에 대한 공포 등이다. 이러한 장애물들은 5060세대가 새로운 시도를 하는 데 있어 큰 장벽이 될 수 있다. 이들 장애물은 심리적 요인과 자원 및 외부 요인으로 구분된다. 하지만 이를 극복하는 방법도 존재한다.

두려움은 주로 불확실성에서 비롯되며, 이를 이해하고 분석하는 것이 첫 번째 단계다. 작은 성공 경험을 통해 자신감을 쌓고, 긍정적인 사고방식을 유지하는 것이 중요하다. 두려움을 행동으로 전환하고, 도전의 목적을 분명히 하면 두려움을 극복하는 데 도움이 된다.

부정적인 의견은 흔히 발생하지만, 이를 개인적인 공격으로 받아들이지 말고, 비판의 본질을 이해하는 것이 중요하다. 자기를 신뢰하며, 비판을 성장의 기회로 삼고, 긍정적인 사람들과 연결해 자신감을 유지해야 한다. 꾸준한 성과를 통해 자신의 선택이 옳았음을 증명하는 것이 최선이다.

실패는 도전의 일부이며, 실패의 본질을 이해하고 이를 학습 기회로 활용해야 한다. 실패에 대한 두려움을 인정하고, 실패를 통해 배운 교훈을 바탕으로 목표를 재설정해야 한다. 긍정적인 태도를 유지하고, 실패가 성장의 발판이 될 수 있도록 해야 한다.

도전 과정에서 자원이 부족할 때는 문제를 명확히 인식하고, 필요한 자원을 확보하기 위해 계획을 세워야 한다. 이를 위해 네트워크를 활용하고, 필요한 기술이나 지식을 배우는 것이 중요하다. 또한, 상황 변화에 유연하게 대응할 수 있는 전략을 마련하는 것이 필요하다. 예기치 않은 외부 환경 변화는 도전의 속도를 늦출 수 있지만, 긍정적인 사고와 창의적인 문제 해결로 극복할 수 있다.

건강과 재정적 문제는 도전의 지속성을 저해하는 주요 장애물이다. 자신의 건강을 관리하기 위해 규칙적인 운동과 건강한 식습관을 유지해야 하며, 스트레스 관리도 중요하다. 재정적으로는 예산을 세우고, 절약과 투자 계획을 세워 경제적 안정을 확보해야 한다. 이러한 준비는 도전 과정에서의 불안감을 줄이고, 지속해서 목표를 향해 나아갈 수 있는 기반을 마련한다. 건강과 재정 문제를 관리함으로써 개인은 더욱 집중하고 효과적으로 도전에 임할 수 있다.

결국, 두려움과 불안, 부정적인 의견, 실패의 공포 등은 도전의 자연스러운 부분이며, 이를 극복하는 과정에서 개인의 성장과 발전이 이루어진다.

두려움과
불안의 극복

　도전의 길을 걸으며 가장 먼저 마주하게 되는 장애물 중 하나는 두려움과 불안이다. 이는 인간이 본능적으로 경험하는 감정으로, 새로운 상황에 대한 불확실성에서 비롯된다. 특히 5060세대에게는 안정된 삶에서 벗어나 무언가 새로운 것을 시도하는 데 있어 두려움이 클 수 있다. 그러나 이 두려움과 불안을 어떻게 극복하느냐가 도전의 성공 여부를 좌우하는 중요한 요소다.

두려움의 근원 이해하기

　두려움은 주로 불확실성에서 비롯되며, 이는 미래에 대한 통제 불가능한 상황에 대한 불안에서 기인한다. 하지만 두려움 자체는 자연스러운 감정이며, 이를 인지하고 이해하는 것이 첫 번째 단계다. 도전에 대한 두려움을 느낄 때, 스스로에게 '왜 나는 이것을 두려워하는가?'라고 질문할 필요가 있다. 이는 두려움의 근원을 파악하고, 그에 대한 해결책을 찾는 데 도움이 된다.

예를 들어, 새로운 사업을 시작하려는 경우, 실패에 대한 두려움이 가장 클 수 있다. 하지만 구체적으로 무엇이 실패를 두렵게 만드는지, 그 실패가 자기 삶에 어떤 영향을 미칠지를 분석하면, 막연한 두려움은 구체적인 문제로 변환되고, 이를 해결할 방법을 모색할 수 있다.

작은 성공을 통한 자신감 구축

두려움을 극복하기 위해서는 작은 성공 경험을 쌓아가는 것이 중요하다. 큰 도전에 앞서 작은 목표를 설정하고, 이를 달성함으로써 자신감을 키울 수 있다. 예를 들어, 새로운 기술을 배우려는 경우, 처음부터 어려운 과제에 도전하기보다는 기초적인 것부터 시작해 점진적으로 수준을 높여가는 방식이 효과적이다. 이러한 작은 성공 경험은 두려움을 줄여주고, 더 큰 도전에 나설 때 필요한 자신감을 제공한다.

긍정적인 사고의 중요성

두려움과 불안을 극복하는 데 있어 긍정적인 사고방식은 매우 중요한 역할을 한다. 부정적인 사고는 두려움을 증폭시키고, 자신을 제한하는 요인으로 작용한다. 반면, 긍정적인 사고는 문제를 해결할 수 있다는 믿음을 제공하며, 도전 과정에서 발생하는 어려움을 견디게 하는 힘이 된다.

5060세대가 새로운 도전에 나설 때, 나이와 경험이 오히려 장점이 될 수 있다는 긍정적인 시각을 가져야 한다. 예를 들어, 나이가 들었다고 해서 새로운 기술을 배우는 것이 불가능하다고 생각하기보다는, 지금까지 쌓아온 경험을 바탕으로 더 효율적으로 배울 수 있을 것이라는 믿음을 가져야 한다. 이러한 긍정적인 사고는 두려움과 불안을 억제하고, 도전 과정에서 발생하는 스트레스를 줄이는 데 큰 도움이 된다.

두려움을 행동으로 전환하기

두려움은 종종 머릿속에서만 커지는 경우가 많다. 이를 극복하는 방법 중 하나는 두려움을 느낄 때 즉시 행동으로 전환하는 것이다. 많은 경우, 막상 행동에 나서면 두려움이 생각보다 크지 않다는 것을 깨닫게 된다. 행동은 두려움에 대한 가장 효과적인 해독제다.

예를 들어, 새로운 프로젝트를 시작할 때 계획을 세우고 준비하는 데만 집중하다 보면 점점 두려움이 커질 수 있다. 그러나 실제로 첫걸음을 내딛는 순간, 두려움은 사라지거나 감소하는 경우가 많다. 행동을 통해 두려움의 실체를 파악하고, 이를 극복할 힘을 얻게 된다.

도전 목적을 분명히 하기

두려움을 극복하는 데 있어 중요한 것은 도전의 이유와 목적을 명확히 하는 것이다. 왜 이 도전을 선택했는지, 그 도전을 통해 얻고자 하는 것이 무엇인지 명확하게 이해하면, 두려움보다는 도전을 향한 열정이 더 크게 작용하게 된다.

예를 들어, 어떤 사람은 개인적인 성장을 위해, 또 다른 사람은 경제적 자립을 위해 도전할 수 있다. 그 목적이 분명하다면, 도중에 겪게 되는 두려움이나 불안은 일시적인 장애물에 불과하게 된다. 목적의식이 명확할수록 두려움을 극복할 힘이 세진다.

두려움과 불안은 도전의 과정에서 반드시 마주하게 되는 감정이다. 이를 극복하는 것은 쉬운 일이 아니지만, 두려움의 근원을 이해하고, 작은 성공을 통해 자신감을 키우며, 긍정적인 사고와 행동을 통해 이를 극복할 수 있다. 무엇보다 도전에 대한 열정과 목적의식을 가지고 두려움을 마주할 때, 비로소 진정한 도전의 시작이 될 수 있다.

주변의 부정적 의견과
비판을 이겨내기

도전을 시작할 때 주변에서 부정적인 의견이나 비판을 듣는 것은 흔한 일이다. 특히 나이와 경험이 쌓인 5060세대에게는 새로운 도전을 시작할 때 "너무 늦은 것 아니냐?"라거나 "굳이 왜 하려고 하느냐?"라는 부정적인 말들이 들리기 마련이다. 이러한 의견과 비판은 도전의 동기를 약화하고 의욕을 꺾을 수 있지만, 이를 어떻게 대처하느냐에 따라 도전의 성공 여부가 달라진다.

부정적인 의견의 본질 이해하기

부정적인 의견을 마주했을 때, 그 본질을 이해하는 것이 중요하다. 대부분 사람은 새로운 도전에 대한 불안감이나 이해 부족으로 부정적인 반응을 보인다. 그들의 비판은 때로는 걱정에서 비롯되기도 하며, 다른 한편으로는 스스로 도전을 시도하지 못한 사람들의 좌절감에서 나오는 예도 있다.

이때 중요한 것은 비판을 개인적인 공격으로 받아들이지 않는 것이다. 부정적인 의견은 반드시 무시해야 할 대상이 아니며, 때로는 그 안에서 배울 점도 있을 수 있다. 그러나 그 비판이 자신에게 정말로 필요한 충고인지, 아니면 단순한 불안에서 비롯된 것인지 구분하는 것이 필요하다.

자기 신뢰와 확신하기

부정적인 의견을 이겨내는 가장 좋은 방법은 스스로에 대한 확신을 가지는 것이다. 자기 신뢰는 외부의 비판에 휘둘리지 않고, 자신의 길을 걸어갈 수 있게 해준다. 도전의 과정에서 다른 사람들의 의견으로 인해 일시적으로 흔들릴 수 있지만, 자신의 목표와 신념에 대한 확신이 있다면 그 영향은 미미해진다.

예를 들어, 새로운 사업을 시작하려는 사람이 주변으로부터 "그 분야는 이미 포화 상태야"라는 말을 들었을 때, 그 말이 자신에게 어떻게 적용되는지 객관적으로 생각해볼 필요가 있다. 만약 그 말이 단순히 일반적인 인식에서 비롯된 것이라면, 자신이 가진 독특

한 아이디어와 실행 계획에 대한 신뢰를 바탕으로 흔들림 없이 나아갈 수 있다.

비판을 성장의 기회로 삼기

비판은 단순히 무시해야 할 것이 아니라, 오히려 성장의 기회로 활용할 수 있다. 모든 비판이 악의적인 것은 아니며, 때로는 비판을 통해 자신의 약점을 발견하고 보완할 수 있다. 따라서 비판받을 때마다 그것이 진정으로 자신에게 도움이 되는지 판단하고, 필요한 부분은 수용하는 자세가 중요하다.

특히 도전의 초반에는 자기 아이디어나 계획이 완벽하지 않을 수 있다. 이때 건설적인 비판을 통해 자신의 계획을 다듬고 더욱 성공적인 결과를 끌어낼 수 있다. 비판을 두려워하지 말고, 그것을 자신의 성장을 위한 자양분으로 삼는 것이 중요하다.

주변의 긍정적인 사람들과 연결하기

부정적인 의견에 너무 집중하기보다는 긍정적이고 지지하는 사람들과 연결하는 것이 중요하다. 도전 과정에서 자신을 격려하고 지지해줄 수 있는 사람들은 큰 힘이 된다. 가족, 친구, 동료 등 신뢰할 수 있는 사람들과 교류하면서 부정적인 감정을 해소하고, 도전에 대한 동기 부여를 얻을 수 있다.

또한 같은 목표를 가진 사람들과의 네트워킹은 도전에 대한 자신감을 강화하는 데 도움이 된다. 자신과 비슷한 목표를 가진 사람들과 경험을 나누고 교류하는 것은 부정적인 의견에 흔들리지 않고, 자신의 목표를 더욱 확고히 하는 데 큰 도움이 된다.

꾸준한 성과로 증명하기

결국 주변의 부정적인 의견과 비판을 이겨내는 가장 확실한 방법은 꾸준한 성과로 증명하는 것이다. 비판에 대해 말로 대응하는 것보다, 실제로 성과를 보여줌으로써 자신의 선택과 노력이 옳았음을 증명하는 것이 훨씬 더 강력하다.

도전의 초반에는 성과가 눈에 띄지 않을 수 있지만, 꾸준한 노력과 끈기로 작은 성공을 쌓아가다 보면 주변의 시선도 바뀌기 마련이다. 시간은 모든 것을 증명하며, 자신의 노력이 결국 좋은 결과를 낳는다는 확신을 가지고 끊임없이 노력하는 것이 중요하다.

주변의 부정적인 의견과 비판은 도전 과정에서 피할 수 없는 부분이다. 그러나 그것에 휘둘리기보다는 자신의 목표와 신념을 확고히 하고, 비판을 성장의 기회로 삼으며, 긍정적인 사람들과의 연결을 통해 자신감을 유지하는 것이 중요하다. 끝으로, 꾸준한 성과로 자신을 증명하며 도전을 이어 나갈 때, 그 어떤 부정적인 의견도 더 이상 걸림돌이 되지 않을 것이다.

실패에 대한
공포를 넘어서기

실패는 모든 도전에서 피할 수 없는 요소다. 특히 새로운 길을 모색하는 5060세대에게는 실패에 대한 공포가 더 강하게 느껴질 수 있다. 그러나 실패를 두려워하며 도전을 포기하는 것은 더 큰 후회를 불러올 수 있다. 실패를 극복하고, 이를 성장의 기회로 삼는 방법을 알아보자.

실패의 본질 이해하기

실패는 종종 부정적인 경험으로 여겨지지만, 성공으로 가는 과정에서 필수적인 경험이다. 성공한 많은 이들이 실패를 경험했으며, 그 실패가 그들의 성장에 기여했다는 점을 잊지 말아야 한다. 실패를 단순한 불행이 아니라, 더 나은 미래를 위한 중요한 학습 기회로 바라보는 시각이 필요하다. 예를 들어, 처음 시도한 사업이 실패했을 때 그 원인을 분석하고, 다음에는 더 나은 결정을 내릴 수 있도록 배우는 과정이 중요하다.

실패에 대한 두려움 인정하기

실패에 대한 두려움은 자연스러운 감정이다. 하지만 이를 인정하고 받아들이는 것이 첫 번째 단계다. 실패를 두려워하기 때문에 도전하지 않거나, 도중에 포기하는 것은 자신에게 더 큰 상처를 줄 수 있다. 두려움을 느끼고 있다는 사실을 인지함으로써, 그 감정을 극복할 수 있는 기반이 마련된다.

두려움을 느낄 때마다 그것이 어떤 상황에서 비롯되는지 분석해보는 것이 도움이 된다. 예를 들어, '내가 실패하면 사람들은 나를 어떻게 볼까?'라는 질문에 스스로 답하면서 두려움의 실체를 파악할 수 있다.

실패를 통한 학습의 기회 찾기

실패를 경험한 뒤에는 그 과정에서 무엇을 배울 수 있는지 고민해보는 것이 중요하다. 많은 경우, 실패는 가장 효과적인 스승이 될 수 있다. 실패의 원인을 분석하고, 그로부터 얻은 교훈을 통해 다음 도전에 더 나은 준비를 할 수 있다.

예를 들어, 어떤 프로젝트가 실패했을 때, 그 과정에서 어떤 결정이 잘못되었는지, 어떤 대처가 부족했는지를 분석하는 것이 필요하다. 이를 통해 다음 프로젝트에서는 같은 실수를 반복하지 않도록 준비할 수 있다.

목표의 재설정과 수정

실패를 경험한 뒤에는 목표를 재설정하고 수정하는 것이 필요하다. 원래의 목표가 너무 높거나 비현실적이었던 경우, 이를 다시 평가하고 적절한 목표로 수정하는 것이 중요하다. 실패를 통해 무엇이 부족했는지를 파악하고, 이를 바탕으로 새로운 목표를 세우면 더욱 효과적인 방향으로 나아갈 수 있다.

예를 들어, 처음에 너무 큰 사업을 목표로 세웠다면, 이를 작은 단계로 나누어 점진적으로 이루어가는 방법이 있다. 목표를 작고 구체적으로 설정하면 성취감도 느끼기 쉬우며, 실패에 대한 두려움도 줄어든다.

실패를 넘어서는 긍정적인 태도 유지하기

자신의 실패를 반복해서 되새기기보다는, 그 실패를 통해 더 나은 결과를 만들 수 있다는 긍정적인 마인드를 가지면 도전의 과정이 훨씬 수월해진다. 예를 들어, '이번에는 실패했지만, 다음에는 더 잘할 수 있다'라는 긍정적인 자기 대화가 큰 힘이 될 것이다.

실패에 대한 공포는 도전에서 마주할 수 있는 가장 큰 장애물 중 하나다. 하지만 실패를 두려워하지 않고, 이를 성장의 기회로 삼는 자세가 필요하다. 실패의 본질을 이해하고, 그 과정에서 배움을 얻으며, 목표를 재설정하고 긍정적인 태도를 유지할 때, 실패는 더 이상 두려움의 원천이 아니라 성장의 발판이 될 것이다.

자원 부족과
외부 환경에 대응하기

도전의 과정에서 자원 부족과 외부 요인은 피할 수 없는 현실이다. 특히 5060세대가 새로운 길을 모색할 때 자금, 시간, 인적 자원 등 여러 가지 제약이 있을 수 있다. 이러한 제약 속에서도 목표를 이루기 위해서는 효과적인 대처 방법이 필요하다.

자원 부족의 현실 인정하기

자원이 부족하다는 사실을 인정하는 것이 첫 번째 단계다. 자신이 처한 상황을 직시하고, 어떤 자원이 부족한지를 명확하게 파악하는 것이 중요하다. 이를 통해 자원을 확보하기 위한 구체적인 계획을 세울 수 있다.

자금이 부족하다면 필요한 자금을 어떻게 모을 수 있을지를 고민해야 하고, 시간이 부족하다면 시간 관리 방법을 재조정해야 한다. 이러한 현실을 받아들이는 것이 문제를 해결하는 데 중요한 첫걸음이 된다.

자원 효율적으로 활용하기

제한된 자원을 효율적으로 활용하는 것이 필수적이다. 자원의 효율적인 사용은 목표 달성을 위한 핵심 요소로 작용한다. 예를 들어, 예산이 부족하다면 우선순위를 정해 필수적인 부분에만 투자하고, 비필수적인 부분은 줄이는 것이 필요하다.

또한 시간 관리에서도 비슷한 원칙이 적용된다. 하루에 해야 할 일을 목록화하고, 가장 중요한 일부터 처리함으로써 자원을 최대한 활용할 수 있다. 이러한 효율적인 접근 방식은 도전의 성공 확률을 높여준다.

창의적인 해결책 모색하기

자원 부족이 문제일 때, 창의적인 해결책을 찾는 것이 중요하다. 자원이 부족하다고 해서 목표를 포기할 필요는 없다. 대신, 기존의 방식과 다른 방법으로 문제를 해결할 방안을 찾아야 한다.

예를 들어, 자금이 부족하다면 크라우드 펀딩을 통해 자금을 모으거나, 필요할 경우 파트너와 협력해 자원을 공유하는 방안이 있을 수 있다. 이러한 창의적인 접근 방식은 자원 부족의 문제를 극복하는 데 큰 도움이 된다.

네트워킹과 지원 체계 활용하기

자원 부족을 해결하기 위해서는 주변의 인적 자원과 네트워크를 활용하는 것이 효과적이다. 다양한 사람들과의 연결은 새로운 기회를 창출하고, 자원을 확보하는 데 큰 도움이 된다. 경험이 풍부한 멘토나 동료들과의 교류는 문제 해결의 실마리를 제공할 수 있다.

또한, 비슷한 목표를 가진 사람들과의 협력은 자원을 공유하고 서로의 강점을 활용할 수 있는 기회를 만든다. 이를 통해 부족한 자원을 보완하고, 더 효과적으로 도전할 수 있는 기반이 마련된다.

외부 요인에 대한 유연한 대처

도전 과정에서는 외부 요인으로 인한 어려움도 종종 발생한다.

경제적인 불황, 법적 규제, 시장의 변화 등 다양한 외부 요인은 목표 달성에 큰 영향을 미칠 수 있다. 이러한 외부 요인에 대해 유연하게 대처하는 것이 중요하다.

변화에 빠르게 적응하고, 상황에 맞게 전략을 조정하는 것이 필요하다. 예를 들어, 새로운 규제가 생겼다면 그에 맞춰 비즈니스 모델을 조정하거나 새로운 마케팅 전략을 세우는 등의 대응이 필요하다. 외부 요인에 굴복하지 않고, 상황에 맞는 해결책을 찾아나가는 태도가 중요하다.

건강, 재정적 문제와
도전의 지속성

도전 과정에서 건강과 재정적 문제는 큰 걸림돌이 될 수 있다. 특히 5060세대는 신체적, 정신적 건강이 중요한 시점에 접어들며, 재정적인 부담도 클 수 있다. 이러한 도전 속에서도 목표를 지속하는 방법을 알아보자.

건강 관리의 중요성

건강은 도전의 기본이다. 몸이 건강하지 않다면 아무리 좋은 아이디어와 열정이 있어도 도전의 지속이 어렵다. 따라서 건강 관리는 도전 과정에서 가장 우선시해야 할 요소다. 규칙적인 운동과 균형 잡힌 식사가 필요하며, 충분한 수면과 스트레스 관리를 통해 건강을 유지하는 것이 중요하다.

예를 들어, 매일 적어도 30분씩 걷거나 스트레칭을 하는 것만으로도 신체적, 정신적 건강을 증진할 수 있다. 또한, 정신 건강을 위해 요가 등을 통해 마음의 안정을 찾는 것도 도움이 된다. 건강이 우선되어야만 도전의 길을 계속 이어갈 수 있다.

재정적 문제의 현실 인식

재정적 문제는 많은 사람이 도전을 포기하게 만드는 주요 원인이다. 도전의 과정에서 필요한 자금이 부족하다고 느낄 수 있지만, 이를 현실로 받아들이고 문제를 해결하는 방법을 모색하는 것이 필요하다. 재정적 문제를 해결하기 위해서는 우선 자신의 재정 상황을 정확히 파악하고, 필요한 자금을 어떻게 조달할 수 있는지를 분석해야 한다.

예를 들어, 도전의 초기 단계에서 작은 비용으로 시작할 방법을 고려하는 것이 중요하다. 차근차근 진행하며 재정적 부담을 줄여나가는 방식으로 접근할 수 있다.

지속 가능한 목표 설정

도전의 지속성을 위해서는 현실적인 목표를 설정하는 것이 중요하다. 목표가 너무 크거나 비현실적이라면 도중에 포기할 가능성이 커진다. 따라서 작고 구체적인 목표를 설정하고, 이를 달성할 수 있는 계획을 세우는 것이 필요하다.

작은 목표를 달성하면서 성취감을 느끼고, 이를 기반으로 해서 점진적으로 더 큰 목표로 나아가는 방식이 효과적이다. 이렇게 하면 동기 부여도 지속될 수 있으며, 건강과 재정적 문제를 극복할 힘이 생긴다.

지원 체계 구축

도전을 지속하기 위해서는 주변의 지원 체계가 중요하다. 가족, 친구, 동료 등의 지지를 받는 것은 도전의 과정에서 큰 힘이 된다. 힘든 순간에도 지지해줄 사람들이 있다는 것은 도전의 지속성을 높이는 데 큰 도움이 된다.

또한, 같은 목표를 가진 사람들과의 연결은 서로의 경험을 공유하고, 문제를 해결하는 데 있어 많은 도움이 될 수 있다. 이러한 네트워킹은 도전의 과정에서 소중한 자산이 될 수 있다.

긍정적인 마인드 유지

마지막으로, 건강과 재정적 문제를 넘어 도전을 지속하기 위해서는 긍정적인 마인드를 유지하는 것이 필요하다. 어려운 상황에서도 긍정적인 시각으로 바라보면 새로운 해결책이 보일 수 있다. 재정적 어려움이 있을 때는 '이런 상황에서도 방법을 찾을 수 있다'라는 마음가짐을 갖는 것이 중요하다.

또한, 건강 문제가 생겼을 때도 '이런 어려움을 겪고 있지만, 더 나은 방법으로 극복할 수 있다'라는 긍정적인 태도가 필요하다. 긍정적인 마인드는 도전의 어려움을 극복하는 데 필수적인 요소이며, 결국 성공으로 이어질 가능성을 높여준다.

도전을 지속할 수 있는
10가지 방법

＊

인생의 도전은 끊임없이 이어지며, 이를 지속하기 위해서는 몇 가지 중요한 방법이 필요하다.

긍정적인 마인드와 회복탄력성

긍정적인 사고는 문제를 도전으로 받아들이게 하며, 실패를 성장의 기회로 바라보는 태도를 강조한다. 부정적인 생각은 좌절을 초래하지만, 긍정적인 마인드는 문제 해결의 출발점이 된다. 회복탄력성을 높여 어려움 속에서도 긍정적인 태도를 유지하고, 역경을 극복하는 능력을 기르는 것이 중요하다. 이를 위해 실패를 두려워하지 않고, 긍정적인 환경을 조성하는 노력이 필요하다.

목표 설정과 지속적인 자기계발

명확한 목표 설정은 자기계발의 첫걸음이다. 목표가 없으면 방향을 잃고, 발전이 이루어지기 어렵다. 변화에 열린 자세로 지속적인 학습과 훈련을 통해 더 나은 자신을 발견하고 성장할 수 있다. 자기계발은 단순히 지식의 축적이 아닌, 변화에 적응하고 나 자신을 지속해서 발전시키는 과정이다.

간절함과 몰입

목표에 대한 간절한 열망은 어려움을 극복하는 힘을 제공한다. 간절함이 있으면 힘든 순간에도 포기하지 않고 지속해서 노력할 수 있다. 또한, 몰입 상태에 들어가 목표에 집중하고, 주변의 방해 요소를 차단해 최상의 성과를 내는 것이 중요하다. 몰입은 집중력과 생산성을 극대화시켜 주며, 목표 달성의 원동력이 된다.

시간 관리와 긍정적인 네트워크

효율적인 시간 관리는 도전의 성공에 필수적이다. 목표를 달성하기 위해서는 우선순위를 정하고, 계획적으로 행동해야 한다. 시간을 구분해 집중할 수 있는 환경을 만들고, 목표에 맞게 시간을 배분하는 것이 필요하다. 긍정적인 네트워크를 통해 서로의 성장을 지원하고, 다양한 사람들과의 연결을 통해 새로운 기회를 창출할 수 있다. 관계는 성공의 중요한 요소로 작용한다.

건강 관리와 신앙

신체적, 정신적 건강은 도전을 지속하는 데 중요한 기반이 된다. 건강한 생활 습관을 유지하고 스트레스를 관리하는 방법을 찾아야 한다. 규칙적인 운동과 충분한 휴식, 균형 잡힌 식사는 필수적이다. 또한, 신앙은 어려운 순간에 희망과 의지를 제공하는 원동력이 된다. 신앙이 있으면 고난 속에서도 긍정적인 에너지를 얻고,

목표를 향해 나아가는 데 도움을 받을 수 있다.

　이러한 방법들을 통해 인생의 도전을 지속하며, 더 나은 내일을 향해 나아갈 수 있다. 각 방법은 서로 연결되어 있으며, 함께 실천할 때 더 효과적이다. 인생의 여정에서 이 원칙들을 적용하며 지속적인 성장을 이루어 나가자.

긍정적인 마인드를
장착하라

삶은 그 자체로 도전과 기회로 가득하다. 그러나 우리는 각각 자신만의 렌즈를 통해 현실을 바라본다. 삶은 우리가 어떤 렌즈를 통해 세상을 바라보느냐에 따라 크게 달라진다. 긍정적인 마인드란 단순한 낙관이 아니다. 그것은 자신이 처한 현실을 똑바로 마주하고, 그 속에서 할 수 있는 최선을 찾는 힘이다.

긍정적인 마인드의 핵심은 생각하는 힘이다. 긍정적인 사고는 문제를 해결할 수 있는 능력을 높이고, 스트레스와 불안을 줄이며, 전반적인 행복감을 증진한다. 반면 부정적인 사고는 좌절하고 포기하게 한다. 세상은 우리가 어떻게 바라보느냐에 따라 달라진다. 상황이 아니라, 그 상황에 대한 우리의 해석이 중요한 것이다.

문제를 직면했을 때, 긍정적인 마인드를 가진 사람은 문제를 도전으로 보고 해결 방안을 모색한다. 반면, 부정적인 마인드를 가진 사람은 문제를 극복할 수 없는 장벽으로 여긴다. 문제를 긍정적인 관점에서 접근할 때, 우리는 더 창의적이고 혁신적인 해결책을 찾을 수 있다. 예를 들어, 사업에서의 실패를 단지 끝이 아닌 학습의 기회로 보는 것이 긍정적인 마인드의 전형이다. 실패를 통해 얻은 교훈을 바탕으로 더 나은 전략을 세울 수 있다.

긍정적인 마인드는 실패를 두려워하지 않는다. 실패를 성장의 기회로 보는 것은 긍정적인 사고의 중요한 요소다. 실패를 통해 우리는 더 나은 방법을 배우고, 더 강한 자신을 발견할 수 있다. 실패를 단순히 끝이 아닌 과정으로 받아들이고, 그 속에서 교훈을 얻는 자세가 필요하다. 반면, 부정적인 마인드를 가진 사람은 시도조차 하지 않는다. 실패가 두려워 도전을 포기한다.

긍정적인 마인드를 유지하는 데 있어 중요한 요소 중 하나는 주변 환경이다. 우리의 생각은 주변 환경과 사람들에 의해 크게 영향을 받는다. 긍정적인 사람과 함께하는 것은 자신의 마인드를 변화시키는 데 도움을 준다. 주변의 부정적인 에너지가 아닌, 긍정적인 에너지를 주는 사람들과의 교류는 긍정적인 사고를 강화한다. 따라서 자신의 주변 환경을 긍정적으로 만들고, 긍정적인 영향을 미치는 사람들과의 관계를 유지하는 것이 중요하다.

매일 긍정적인 루틴을 만드는 것은 긍정적인 마인드를 유지하는 데 큰 도움이 된다. 아침에 일어나서 감사의 마음을 표현하거나, 긍정적인 명언을 읽는 등의 작은 습관이 시간이 지남에 따라 강력한 긍정적인 사고를 만들어낼 수 있다. 또한, 운동, 신앙, 취미활동 등을 통해 스트레스를 줄이고 기분을 상쾌하게 만드는 것도 긍정적인 마인드를 유지하는 데 효과적이다.

긍정적인 마인드는 단기적인 마음가짐이 아니라, 지속해서 유지해야 하는 태도다. 그러기 위해서는 매일 부정적인 생각을 의식적으로 긍정적인 생각으로 바꾸는 것이 중요하다. 긍정적인 마인드를 장착함으로써, 우리는 어떤 어려움에도 흔들리지 않고, 목표를 향해 끊임없이 나아갈 수 있다. 그것이 삶을 보다 의미 있게 만들고, 우리의 여정을 더욱 가치 있게 만들어줄 것이다.

긍정적인 마인드는 단순히 기분 좋은 생각만이 아니다. 그것은 어려운 상황 속에서도 해결책을 찾고, 성장하는 자세를 유지하는 힘이다. 삶의 고난과 역경 속에서도 긍정적인 태도를 지니고, 끊임없이 도전하는 것이야말로 성공으로 향하는 지름길이다.

지속적인
자기계발에 힘쓰라

자기계발은 그저 몇 가지 기술을 배우고 익히는 것을 넘어서, 자신을 변화에 맞추고 끊임없이 성장하는 데 있다. 단순히 자신의 역량을 강화하는 것을 넘어서, 삶의 질을 높이는 데 필수적이다. 매 순간 자신을 발전시키고, 더 나은 사람이 되는 것, 그것이 곧 삶을 살아가는 방식이다.

오늘날 빠르게 변화하는 세상에서는, 변화를 받아들이고 성장하는 것이 생존의 기본이다. 과거의 방식으로는 더 이상 앞서 나갈 수 없다. 새로운 환경에 적응하고, 변화에 빠르게 반응해야만 한다. 자기계발은 자신이 설정한 목표를 달성하는 데 필요한 도구를 제공하며, 개인적, 직업적 성장을 이끄는 원동력이다. 지속적인 자기계발은 삶의 방향을 제시하고, 새로운 기회를 창출하는 데 기여한다.

명확한 목표 설정

자기계발의 첫걸음은 명확한 목표 설정이다. 목표는 자신이 무엇을 이루고 싶은지를 분명히 하는 것이다. 목표가 없다면 자기계발은 방향을 잃게 된다. 그저 시간만 흐를 뿐이다. 목표는 구체적이고, 측정 가능하며, 도전적이어야 한다. 예를 들어, '매일 30분씩 독서하기'보다는 '3개월 내에 3권의 비즈니스 서적을 읽고, 그 내용을 요약하기'가 더 구체적이고 실천 가능하다. 명확한 목표는 자기계발의 길을 정해주며, 이를 통해 목표 달성을 위한 로드맵을 제공한다.

지속적인 학습과 훈련

지속적인 자기계발은 꾸준한 학습과 훈련을 통해 이루어진다. 새로운 기술을 배우고, 현재의 지식을 업데이트하며, 변화하는 환경에 적응하는 과정이 필요하다. 매일 학습하는 습관을 기르는 것이 중요하다. 교육과정을 수강하거나, 워크숍에 참여하는 것도 좋은 방법이다. 책은 새로운 지식과 통찰을 제공할 뿐만 아니라, 비판적 사고 능력을 키워준다. 독서를 통해 우리는 더 넓은 시각을 가지게 되고, 다양한 분야에 대한 이해를 넓힐 수 있다.

필요한 기술을 익히거나, 개인적인 관심사에 대한 지식을 깊이 있게 탐구하는 것이 도움이 된다. 학습과 훈련은 자신의 역량을 강화하고, 더 나은 기회를 창출하는 데 기여한다.

균형 잡힌 삶

지속적인 자기계발은 직업적 성장만을 의미하지 않는다. 균형 잡힌 삶을 유지하는 것이 중요하다. 우리가 아무리 성공해도 삶의 다른 부분들이 망가진다면, 그것은 진정한 성취가 아니다. 건강, 가족, 취미 등 삶의 다양한 영역에서 균형을 맞추는 게 필요하다. 예를 들어, 직장에서의 자기계발뿐만 아니라, 신체적, 정서적 건강을 유지하는 것도 중요하다. 운동, 적절한 휴식, 가족과의 시간 등을 통해 균형 잡힌 삶을 유지하며, 전체적인 삶의 질을 향상할 수 있다.

열린 자세

새로운 정보와 기술은 언제나 변화하고 있다. 이러한 변화에 대해 두려워하지 않고, 열린 마음으로 받아들이는 것이 자기계발을 지속하는 데 필수적이다. 변화는 언제나 기회와 함께 온다. 변화를 두려워하거나 거부하지 말고, 열린 마음으로 오히려 새로운 가능성으로 받아들이는 것이 필요하다. 새로운 도전은 자기계발의 기회를 제공하며, 이를 통해 성장할 수 있다.

지속적인 자기계발 방법

자기계발은 한 번의 노력으로 끝나는 것이 아니다. 그것은 삶의 전반에 걸쳐 지속해서 실천해야 하는 과정이다. 자기계발을 통해 우리는 개인적, 직업적 성장을 이루고, 삶의 질을 향상할 수 있다. 명확한 목표 설정, 꾸준한 학습과 훈련, 자기반성과 피드백, 균형 잡힌 삶, 도전과 변화에 열려 있는 자세, 성과 기록과 평가를 통해 우리는 지속적인 발전을 이룰 수 있다. 자기계발은 삶을 풍요롭고 의미 있게 만드는 핵심 요소이며, 이를 통해 우리는 더 나은 자신을 발견하고, 더 나은 삶을 살아갈 수 있을 것이다. 실패를 두려워하지 않고, 그 실패 속에서 배우며 성장하는 것, 그것이 바로 자기계발의 본질이다.

간절함으로
여정을 이어가라

인생의 도전을 지속하는 데 있어 가장 중요한 요소 중 하나는 간절함이다. 간절함은 우리가 어떤 목표를 설정하고 그 목표를 향해 나아갈 때, 지속적인 동기를 부여하는 힘이다. 그것은 우리가 힘든 시기에 인내하게 하고, 어려움을 극복하도록 돕는 원동력이 된다. 간절함이란 단순히 바라는 것이 아니라, 그 목표를 이루기 위해 끊임없이 노력하고 행동하는 태도를 의미한다.

간절함의 정의

간절함은 한마디로 자신이 원하는 것을 향한 깊은 열망이다. 이는 목표에 대한 확고한 신념과 그 목표를 이루는 데 필요한 모든 것을 기꺼이 해내겠다는 의지를 포함한다. 간절함이 있는 사람은 그 목표를 위해 어떤 어려움이 닥쳐도 포기하지 않으며, 실패에도 굴하지 않고 계속해서 도전한다. 이러한 간절함은 단순한 꿈이나 바람과는 다르다. 꿈은 희망하는 감정으로 시작되지만, 간절함은 그 꿈을 현실로 만드는 데 필요한 행동을 촉발하는 원천이다.

간절함이 도전에 미치는 영향

간절함이 도전에 미치는 영향은 매우 크다. 간절함이 있는 사람은 목표를 향한 여정에서 직면하는 어려움과 시련을 극복할 힘을 얻는다. 예를 들어, 운동선수가 올림픽에 출전하기 위해 훈련하는 경우를 생각해보자. 그 선수는 매일매일 훈련에 매진하며 체력과 기술을 쌓아야 한다. 그러나 훈련 중에 피로와 부상, 심리적인 압박감 등 다양한 어려움을 겪게 된다. 이때 간절함이 없다면 이러한 어려움에 쉽게 좌절하고 포기할 가능성이 크다. 반면, 간절함이 있는 선수는 그 목표를 이루기 위한 열망이 크기 때문에 힘든 순간에도 계속해서 훈련을 지속한다.

간절함은 또한 목표를 향한 집중력을 높이는 역할을 한다. 사람들이 목표를 설정할 때, 그 목표가 자신에게 얼마나 중요한지에 따라 간절함이 달라진다. 목표가 간절할수록 그 목표에 집중하고, 필요한 노력을 기울이게 된다. 이는 일상생활에서 작은 행동으로 나타난다. 예를 들어, 자격증 시험을 준비하는 사람의 간절함이 크면 매일 일정 시간을 공부에 할애하고, 효율적인 학습 방법을 찾아 나서게 된다.

간절함과 지속성

간절함이 지속성에 미치는 영향 또한 중요하다. 간절함은 단순히 목표를 향한 열망이 아니라, 그 목표를 이루기 위한 지속적인 노력과 인내를 의미한다. 많은 사람이 도전을 시작했지만, 중간에 포기하는 이유는 간절함이 부족하기 때문이다. 그러나 간절함이 강하면 강할수록, 우리는 어려운 상황에서도 계속해서 도전할 힘을 얻게 된다. 간절함은 마치 불꽃과 같다. 불꽃이 꺼지지 않도록 유지하기 위해서는 지속적인 연료가 필요하다. 그러므로 목표를 향한 간절함은 지속할 수 있는 도전의 원동력이 된다.

인생의 도전을 지속하는 데 있어 간절함은 필수적인 요소다. 간절함은 우리의 목표를 향한 열망을 더 강하게 만들어주고, 어려움을 극복할 힘을 부여한다. 목표를 명확히 하고, 긍정적인 환경을 조성하며, 작은 성공 경험을 쌓아가는 과정에서 간절함을 키워나갈 수 있다. 간절함이 있는 사람은 도전의 여정을 지속해서 이어갈 수 있으며, 결국에는 그 목표를 현실로 만들어낼 수 있다. 그러므로 목표를 향한 간절함을 잊지 말고, 그 간절함을 통해 더 나은 내일을 향해 나아가자.

회복탄력성을
높여라

회복탄력성의 본질

김주환 교수는 《회복탄력성》에서 '역경에 맞서 다시 원래의 상태로 돌아가거나 더 나아가 성장할 수 있는 힘'으로 회복탄력성을 설명한다. 그는 회복탄력성이 높으면 실패와 좌절을 단순한 좌절이 아닌 성장의 기회로 볼 수 있으며, 이를 통해 더 행복하고 안정적인 삶을 영위할 수 있다고 주장한다.

샤론 멜릭(Sharon mellick)은 회복탄력성이 없을 때 우리는 스트레스에 취약해지고, 삶의 불확실성에 쉽게 흔들리며 좌절할 수 있다고 말한다. 반대로 회복탄력성이 높은 사람은 실패와 역경 속에서도 긍정적인 태도를 유지하고, 상황을 개선할 수 있는 해결책을 모색한다.

회복탄력성은 단순히 고난을 견디는 것이 아니다. 그것은 역경을 통해 스스로 재건하고, 더 강한 존재로 거듭나는 과정이다. 삶의 모든 시험이 그렇듯이, 이 과정은 고통스럽고 힘들지만, 그 결과는 우리를 한층 더 강하게 만든다.

또한 이것은 고난의 고통을 줄여주는 것이 아니라, 고난 속에서도 지혜를 얻고, 새로운 시각을 발견하는 능력이다. 바람이 불어올 때, 그 바람을 이용해 비행하는 법을 배운다. 비를 맞으면서도 굳건히 서서, 그 비가 끝난 후 더 높은 곳을 바라본다. 회복탄력성은 그러한 힘이다. 실패는 우리의 영혼을 지치게 하지만, 우리는 그 실패를 통해 더 강한 자신을 발견하고, 새롭게 시작할 힘을 얻는다.

긍정적인 사고

긍정적인 사고는 회복탄력성의 기초다. 어둠 속에서 빛을 찾고, 바람 속에서 평화를 느끼는 능력이다. 긍정적인 사고는 어려운 상황 속에서도 희망을 잃지 않고, 문제를 해결하려는 적극적인 자세를 가지는 것이다. 하지만, 회복탄력성이 약한 사람들은 자기 자신과 타인에 대한 부정적 감정들을 습관적으로 유발한다. 분노하고, 증오하며, 공격적인 적대감을 가진다.

우리가 일상에서 마주치는 많은 문제 중 대부분은 실제로 해결할 수 있다. 문제는 우리의 시각에 달려 있다. 긍정적인 사고는 이러한 시각을 바꾸는 힘을 가진다. '이 문제는 내가 해결할 수 있는 문제다'라는 믿음이 중요한 것이다. 도전적인 상황에서 긍정적인 태도를 유지하면, 우리는 문제를 새로운 기회로 전환할 수 있다. 역경 속에서도 최선의 결과를 끌어낼 수 있는 방법을 찾아내는 것이 바로 긍정적인 사고다.

자신의 강점 발견

자신의 강점을 아는 것은 회복탄력성을 유지하는 중요한 방법이다. 강점을 아는 것은 우리가 어려움을 극복할 때, 그 강점을 활용해 문제를 해결할 방법을 제시한다. 자신의 강점을 발견하고 이를 발전시키는 것은 내면의 힘을 강화하는 핵심이다. 강점을 알고 이를 적극적으로 활용하면, 우리는 어려운 상황에서도 자신감을 가지고 문제를 해결할 수 있다. 강점은 우리가 도전할 때, 스스로 더욱 효과적으로 지원하는 자원이다.

감사

고난 속에서도 감사할 수 있는 마음을 가지는 것은 회복탄력성을 높이는 강력한 방법이다. 감사는 우리가 가진 것들에 대한 인식을 새롭게 하고, 그로 인해 삶의 풍요로움을 느끼게 한다. 감사하는 마음은 작은 것에서도 큰 기쁨을 찾을 수 있게 한다. 우리가 당연하게 여기는 것들이 실은 소중한 것임을 깨달을 때, 그 소중함이 우리의 마음을 따뜻하게 하고, 삶의 질을 높인다. 감사를 표현함으로써, 우리는 더욱 긍정적인 마음 상태를 유지할 수 있으며, 이는 회복탄력성을 강화하는 데 큰 도움이 된다.

매일 감사한 일을 기록하는 습관을 기른다. 작은 것부터 큰 것까지, 감사할 일을 기록하며 긍정적인 시각을 갖는다. 주변 사람들에게 감사의 마음을 표현한다. 간단한 감사의 말이나 메모가 상대방에게 긍정적인 영향을 미치며, 나 자신도 그 과정에서 감정적인 만족을 얻는다.

회복탄력성은 타고나는 것이 아니라, 훈련과 노력을 통해 강화할 수 있는 능력이다. 이를 통해 우리는 역경 속에서도 성장하고, 더 강한 자신으로 거듭날 수 있다. 또한 회복탄력성은 외부적 조건에서 오는 것이 아니라, 나의 내면으로부터 오는 것이다

몰입하라

도전에서 성공을 거두기 위해서는 단순한 노력 이상의 것이 필요하다. 바로 '몰입'이다. 몰입은 어떤 활동에 온 마음과 정신을 집중하는 상태를 의미하며, 도전을 극복하고 목표를 달성하는 데 중요한 역할을 한다.

몰입의 개념

몰입(Flow)은 어떤 활동에 완벽히 집중해 시간의 흐름을 잊고, 자신의 역량을 최대한 발휘하는 상태를 의미한다. 몰입 상태에 들어가면 사람은 자신이 하는 일에 깊이 빠져들어 큰 성취감을 느끼고, 효율성과 창의성이 극대화된다고 한다. 몰입 상태에 들어가기 위해서는 명확한 목표 설정, 즉각적인 피드백, 완전한 집중, 자아의

식의 감소 등의 요소를 고려해야 한다.

몰입의 중요성

몰입은 도전의 과정에서 여러 가지 측면에서 중요한 역할을 한다.

도전이 어려워질수록 몰입은 목표 달성의 중요한 동기가 된다. 몰입 상태에서는 어려운 상황도 극복할 수 있는 원동력을 얻을 수 있다. 이는 도전의 지속성을 보장하는 데 필수적이다. 특히, 어려운 문제에 부딪혔을 때 몰입을 통해 상황을 새롭게 바라보게 되고, 해결책을 찾아가는 과정에서 힘을 얻게 된다.

몰입 상태에서는 창의성이 극대화된다. 이는 복잡한 문제를 해결하는 데 중요한 역할을 하며, 새로운 방법과 접근 방식을 통해 도전에 대한 해결책을 찾을 수 있다. 몰입에 빠진 사람은 기존의 패턴에서 벗어나 새로운 아이디어를 생성할 가능성이 커진다. 이런 창의적인 접근은 종종 예상치 못한 결과를 가져오기도 한다.

도전의 과정에서 몰입은 심리적 만족감을 제공하고, 행복을 실현하는 데 기여한다. 스트레스와 걱정에서 벗어나 활동에 대한 깊은 몰입을 가능하게 한다. 이러한 상태는 단순한 즐거움이 아니라, 자기 자신을 발견하고 발전하는 기회를 제공한다. 이는 일상에서 느끼는 스트레스와 압박감을 해소하는 데 큰 도움이 된다.

결국, 몰입은 도전에서 성공을 이끄는 중요한 요인이다. 몰입 상태에서는 생산성과 효율성이 극대화되며, 이는 목표 달성으로 이어진다. 성공은 단순히 결과만을 의미하지 않으며, 몰입을 통해 얻는 성취감과 자기계발의 과정도 포함된다.

도전과 몰입의 필연성

도전과 몰입은 떼어놓을 수 없는 관계다. 도전의 과정에서 몰입은 목표 달성의 중요한 열쇠가 되며, 개인의 성장과 성취를 끌어낸다. 인생의 도전 앞에서 우리는 몰입을 통해 자신의 한계를 넘어서고, 더욱 의미 있는 성과를 이룰 수 있다. 몰입은 단순한 집중 이상의 가치가 있으며, 도전적인 인생에서 성공의 필수적인 요소로 작용한다.

몰입은 단순한 상태가 아니라, 개인이 지속해서 도전하는 과정에서 얻어지는 강력한 동력으로 작용한다. 따라서 자신의 목표를 향해 나아갈 때, 몰입의 중요성을 인식하고, 이를 실천하는 것이 필요하다. 몰입을 통해 우리는 더 큰 성취와 행복을 이룰 수 있으며, 이는 우리 삶의 질을 한층 더 높이는 데 기여할 것이다.

열정과
끈기를 가져라

그릿의 개념

인생의 여정에서 우리는 수많은 도전을 마주하게 된다. 이러한 도전들은 우리를 시험에 들게 하며, 그 과정에서 우리는 끈기와 열정이 필요하다. 그릿(Grit)은 성공을 끌어내는 데 필수적인 요소로, 단순한 재능이나 운이 아닌, 꾸준히 목표를 향해 나아가는 힘을 의미한다. 심리학자 앤절라 더크워스가 정의한 그릿은 재능보다 열정과 끈기를 기반으로 하는 강인한 성격적 특성으로, 도전의 성공을 결정짓는 중요한 요인이다.

그릿의 정의와 구성 요소

앤절라 더크워스가 정의한 그릿은 재능보다 열정과 끈기를 기반으로 하며, 구성하는 주요 요소는 두 가지다.

첫 번째 요소는 자신의 목표에 대한 깊은 열정(Passion)이다. 이는 단순한 흥미 이상의, 깊은 관심과 헌신을 말한다. 열정은 장기적인 목표를 향한 지속적인 동력을 제공하며, 목표를 향한 도전의 길에서 좌절하지 않도록 도와준다.

두 번째 요소는 끈기(Perseverance)다. 도전의 과정에서 우리는 수많은 장애물과 실패를 마주하게 되지만, 그릿은 이러한 상황에서도 포기하지 않고 지속해서 노력하게 만드는 힘이다. 끈기는 어려운 순간에도 끝까지 견뎌내는 정신력을 의미하며, 목표를 달성하는 데 필수적인 요소다. 성공한 사람들은 정말 끈질기다는 특성이 있다. 또한 성공한 사람들은 끊임없이 발전을 추구한다. 결코 만족하는 법이 없다.

그릿의 역할

그릿은 도전의 과정에서 중요한 역할을 한다. 특히, 장기적인 목표를 추구하는 과정에서 그릿의 중요성이 더욱 부각된다.

도전은 결코 일회성으로 끝나지 않으며, 때로는 오랜 시간 동안 계속해서 시도하고 노력해야 한다. 이 과정에서 그릿은 목표를 향한 지속적인 노력을 가능하게 하며, 쉽게 포기하지 않도록 한다. 그릿이 있는 사람은 실패를 일시적인 현상으로 받아들이고, 다시 일어나 목표를 향해 나아간다.

도전의 과정에서 우리는 종종 좌절을 경험한다. 실패와 실망은 목표 달성의 자연스러운 일부이지만, 그릿이 없다면 이러한 좌절은 쉽게 포기로 이어질 수 있다. 그릿은 실패를 극복할 수 있는 정신적 강인함을 제공하며, 도전의 길에서 흔들리지 않고 꾸준히 나아갈 수 있도록 돕는다.

그릿은 단순히 고집스럽게 목표를 향해 나아가는 것이 아니라, 도전의 과정에서 스스로를 성장시키는 능력을 포함한다. 그릿을 가진 사람은 도전을 통해 자신의 한계를 뛰어넘고, 계속해서 학습하고 발전한다. 이는 단순한 성취를 넘어, 자기계발의 중요한 도구로 작용한다.

도전과 그릿의 상호작용

도전과 그릿은 서로를 강화하는 관계에 있다. 도전은 그릿을 필요로 하며, 그릿은 도전을 통해 더욱 강화된다. 도전은 사람들에게 목표를 달성하기 위한 열정과 끈기를 요구하며, 이 과정에서 그릿은 점점 더 강해진다. 반면, 그릿은 도전의 길에서 필요한 정신적, 감정적 힘을 제공해, 도전의 끝에서 성공을 경험할 수 있게 한다.

그릿이 강한 사람은 도전의 과정에서 힘든 순간을 견뎌내고, 그 경험을 통해 더욱 단단해진다. 이는 도전을 통해 자기 능력과 가능성을 재발견하게 하며, 자신감을 높이고 새로운 도전을 추구하게 만든다.

도전에서 그릿의 중요성

도전의 과정에서 그릿은 성공을 끌어내는 중요한 요인이다. 그릿은 단순한 열정과 끈기를 넘어, 장기적인 목표를 향한 지속적인 노력을 가능하게 한다. 실패와 좌절을 극복하고, 도전의 길에서 계속해서 나아가는 힘을 제공하는 것이 바로 그릿이다. 도전의 여정에서 그릿은 성공의 필수적인 동반자이며, 삶의 깊이와 의미를 더해주는 중요한 요소다.

앤절라 너크워스는 그릿이 재능보다 더 중요한 성공의 요소임을 강조하며, 누구나 꾸준한 노력과 헌신을 통해 그릿을 기를 수 있음을 보여준다. 그릿을 통해 우리는 실패와 어려움 속에서도 좌절하지 않고, 끊임없이 나아가며, 궁극적으로 더 큰 성취를 이룰 수 있다.

그릿을 높이는 방법

장기적인 목표를 설정해야 한다. 목표가 명확하면 열정이 지속되기 쉬우며, 방향성을 잃지 않고 나아갈 수 있다. 매일 조금씩이라도 목표를 향한 노력을 지속하는 습관을 들인다. 하루 10분이라도 목표와 관련된 활동을 실천하고, 실패와 좌절도 성장의 일부로 받아들이며 자기 관리를 해 나가는 것이 중요하다.

그릿을 높이기 위해서는 지속적인 학습이 필요하다. 새로운 지식과 기술을 배우고, 자신을 발전시키려는 마음가짐을 유지하는 것이 중요하다. 또한 피드백을 받아들이고 개선하려는 노력을 통해 성장을 도모할 수 있다.

시간을
관리하라

도전을 지속하는 데 가장 중요한 자원 중 하나는 시간이다. 시간은 누구에게나 공평하게 주어지지만, 그 사용 방법에 따라 성과는 극명하게 달라진다. 특히 나이가 들수록 에너지와 체력이 예전만큼 풍부하지 않기 때문에, 시간 관리는 더 필수적이다. 효율적인 시간 관리는 도전의 성공 여부를 결정짓는 중요한 요소로 작용한다.

우선순위를 설정하라

많은 일을 해야 할 때, 모든 것을 다 하려고 하는 것은 비효율적이다. 따라서 우선순위를 정하는 것이 중요하다. 우선순위를 정하는 기준은 여러 가지가 있을 수 있지만, 가장 중요한 것은 어떤 일이 장기적인 목표 달성에 기여할지를 생각하는 것이다.

예를 들어, 새로운 기술을 배우는 것이 당신의 목표라면, 매일 아침 1시간을 그 기술 학습에 투자하는 것이 우선순위가 될 수 있다. 이처럼 가장 중요한 일을 먼저 처리하는 습관을 들이면, 나머지 시간은 조금 더 여유 있게 활용할 수 있다.

우선순위를 설정하는 데 도움을 주는 도구로는 아이젠하워 매트릭스가 있다. 이 매트릭스는 일을 네 가지 카테고리로 분류한다.

- 긴급하고 중요한 일
- 긴급하지 않지만 중요한 일
- 긴급하지만 중요하지 않은 일
- 긴급하지도 않고 중요하지도 않은 일

가장 먼저 해결해야 할 일은 '긴급하고 중요한 일'이며, 두 번째로 중요한 것은 '긴급하지 않지만 중요한 일'이다. 이 방식을 활용하면, 급한 일에 쫓기지 않고 장기적인 목표를 이루는 데 도움이 될 것이다.

아이젠하워 매트릭스

시간 블록을 활용하라

시간을 관리하는 또 다른 방법은 시간 블록 기법을 사용하는 것이다. 이 방법은 하루를 몇 개의 블록으로 나누어, 블록마다 특정한 활동을 하도록 계획하는 것이다. 예를 들어, 오전에는 독서나 학습을 위한 시간으로 사용하고, 오후에는 운동이나 신체활동에 집중하는 식이다.

내 경우 '오전 6시부터 8시까지 책을 쓰고, 낮 시간에는 법인 컨설턴트로 일하며, 오후 7시부터 9시까지 다시 책 쓰기'에 집중한다.

6:00~8:00	책 쓰기
9:00~18:00	법인 컨설턴트 일하기
19:00~21:00	책 쓰기

시간 블록

시간 블록 기법은 여러 가지 장점이 있다. 첫째, 하루 동안 여러 가지 일을 동시에 하려는 부담을 덜어준다. 둘째, 각 활동에 온전히 집중할 수 있어 몰입 상태를 유지하기가 쉬워진다. 몰입 상태는 도전의 성공에 필수적인 요소로, 한 가지 일에 완벽히 집중할 때 더 높은 성과를 얻을 수 있다.

예를 들어, 창업을 준비하는 사람이 오전 9시부터 12시까지는 사업 계획서를 작성하고, 오후 1시부터 3시까지는 시장 조사에 집중하는 시간을 할당할 수 있다. 이렇게 시간을 구체적으로 나누면, 일의 진행 상황을 관리하기 훨씬 수월해진다.

일정표를 꾸준히 관리하라

시간 관리를 위해서는 일정 관리가 필수적이다. 하루, 한 주, 한 달 단위로 계획을 세우고, 이를 꾸준히 점검해야 한다. 이를 통해 당신은 목표를 체계적으로 달성할 수 있고, 예기치 않은 상황에도 유연하게 대처할 수 있다.

일정 관리를 위해 사용할 수 있는 도구는 많다. 종이 다이어리에서부터 디지털 캘린더, 다양한 생산성 앱까지 선택의 폭이 넓다. 중요한 것은 자신에게 맞는 도구를 선택하고, 그것을 꾸준히 사용하는 것이다.

시간을 낭비하지 마라

시간 관리의 가장 큰 적은 시간 낭비다. 하루가 어떻게 흘러가는지 인식하지 못하고, 소셜 미디어나 불필요한 활동에 시간을 허비하다 보면 어느새 하루가 끝나버릴 수 있다.

이를 방지하기 위해서는 먼저 자신의 시간을 기록하는 습관을 들이는 것이 좋다. 한 주 동안 하루하루를 어떻게 보냈는지 기록해 보면, 자신이 어디에 시간을 많이 소비했는지 파악할 수 있다. 이를 통해 불필요한 시간을 줄이고, 진정으로 중요한 일에 더 많은 시간을 투자할 수 있게 된다.

이처럼 시간을 효과적으로 관리하면, 도전의 과정에서 더 큰 성과를 낼 수 있을 뿐 아니라 자신이 원하는 목표에 더욱 빠르게 도달할 수 있다. 시간을 어떻게 활용하느냐에 따라 성공 여부가 달라지므로, 시간 관리의 중요성을 간과하지 말아야 한다.

긍정적인 네트워크를
구축하라

어떤 도전이든 혼자서 헤쳐 나가는 것은 힘든 일이다. 주변 사람들과의 관계는 당신이 그 도전을 지속하고 성공을 이루는 데 큰 영향을 미친다. 긍정적인 네트워크를 구축하는 것은 도전의 과정에서 격려와 용기를 주고받으며, 성장의 동력을 유지하는 핵심 요소다. 여기서 말하는 네트워크는 단순한 인맥을 넘어서, 당신의 성공에 직접적인 영향을 미치는 긍정적이고 생산적인 인간관계를 의미한다.

긍정적인 사람들과 관계를 맺어라

성공을 이루기 위해서는 긍정적인 사고를 지닌 사람들과 관계를 맺는 것이 중요하다. 부정적인 사람들과 어울리면 그들의 생각과 태도가 사신에게 전이되기 쉽다. 도전하는 과정에서 좌절할 때마다 비관적인 이야기를 듣는다면 쉽게 포기하고 싶은 마음이 들 수 있다. 반면, 긍정적인 사람들은 당신에게 용기와 동기를 불어넣어 줄 것이다.

이들은 당신이 어려운 상황에 부닥쳤을 때도 해결책을 찾도록 격려하고, 좌절감에 빠졌을 때도 다시 일어설 수 있도록 응원해줄 것이다. 또한, 긍정적인 네트워크를 형성하면, 서로의 경험과 지식을 공유함으로써 더 나은 성장을 끌어낼 수 있다. 성공을 위한 길은 고립된 개인의 노력이 아니라 함께 성장하는 과정이다.

예를 들어, 창업을 준비하는 사람이라면 이미 사업을 성공적으로 운영하는 사람들과 가까워지면 그들의 경험에서 배울 수 있고, 실패를 겪었을 때 그들은 당신이 용기를 잃지 않도록 도와줄 것이다. 이처럼 긍정적인 사람들과의 관계는 당신의 성공을 더욱 현실적으로 만들고, 그 길을 지속하는 데 필요한 원동력을 제공한다.

성공적인 사람들을 멘토로 삼아라

도전의 과정에서 성공을 이루기 위해서는 멘토의 존재가 중요하다. 이미 비슷한 도전을 통해 성과를 이룬 사람들의 조언과 경험은 그 무엇보다도 값진 자산이 된다. 멘토는 당신이 경험하지 못한 실수나 위기 상황에 대한 해결책을 제공하고, 잘못된 길로 빠지지 않도록 방향을 제시해줄 수 있다.

멘토는 당신의 생각과 시야를 넓혀주며, 더 나은 결정을 내릴 수 있도록 돕는다. 이들이 쌓은 지혜와 통찰력은 당신의 도전 과정에서 가이드라인 역할을 하며, 실수나 실패를 최소화할 수 있는 중요한 도구가 된다.

멘토를 찾기 위해서는 도전과 연관된 커뮤니티나 네트워크에 적극적으로 참여해야 한다. 이 과정에서 비슷한 목표를 가지고 있거나 성공한 사람들과 교류할 수 있는 기회를 얻을 수 있다. 또한, 멘토를 통해 새로운 기회를 발견할 수도 있으며, 그들이 제공하는 피드백을 통해 자신이 미처 보지 못한 문제점이나 가능성을 찾을 수 있다.

네트워크 안에서 서로 격려하고 지지하라

도전은 때때로 고독할 수 있다. 그러나 긍정적인 네트워크 속에서 서로를 격려하고 지지하면, 그 고독감은 극복할 수 있다. 자신의 도전을 주변 사람들과 공유하고, 그들의 피드백과 지지를 받는 것은 도전의 지속성에 큰 도움이 된다.

　네트워크 속에서 자신의 목표와 어려움을 나누면, 비슷한 경험을 겪고 있는 사람들과 함께 문제를 해결하는 법을 배울 수 있다. 또한, 다른 사람의 도전 이야기를 들으면 자신이 직면한 어려움이 그리 특별하지 않다는 것을 깨닫게 되고, 이를 통해 더 큰 자신감과 용기를 얻을 수 있다.

　예를 들어, 목표를 이루기 위한 과정에서 발생하는 실패나 좌절을 혼자서 감당하기보다는, 같은 길을 걷고 있는 사람들과 공유함으로써 그들의 격려를 받을 수 있다. 도전은 그 자체로 힘든 일이지만, 같은 길을 걷고 있는 사람들과 함께라면 그 여정이 한결 가벼워진다. 서로의 성장을 응원하고, 성공을 축하하는 과정에서 성장에 대한 동기 부여는 더욱 커진다.

새로운 인맥을 넓혀라

　도전을 지속하는 과정에서 새로운 인맥을 만드는 것도 중요하다. 이미 맺고 있는 관계에 안주하지 말고, 새로운 사람들과 관계를 맺음으로써 더 넓은 시야와 기회를 얻을 수 있다. 새로운 인맥을 통해 얻을 수 있는 이점은 다양하다. 우선, 그들은 당신에게 다른 관점을 제공해줄 수 있다. 한 가지 문제에 대해 다양한 해결책을 생각해볼 수 있고, 이를 통해 더 나은 결정을 내릴 수 있다.

또한, 새로운 인맥은 당신이 미처 생각하지 못한 기회를 제공할 수 있다. 예를 들어, 다른 분야에서 성공한 사람과의 만남을 통해 새로운 비즈니스 아이디어를 얻거나, 더 큰 성과를 내는 방법을 발견할 수도 있다.

새로운 인맥을 만드는 방법 중 하나는 적극적으로 모임이나 커뮤니티에 참여하는 것이다. 세미나, 워크숍, 콘퍼런스 등에서 다양한 사람들과 교류하며 자신을 알릴 수 있고, 그 과정에서 새로운 협력 기회도 만들어질 수 있다.

부정적인 사람들과 거리를 두어라

네트워크에서 중요한 것은 긍정적인 사람들과의 관계를 맺는 것뿐만 아니라, 부정적인 사람들과의 거리를 유지하는 것이다. 부정적인 사람들은 비관적이고 회의적이며, 당신의 도전이 성공할 가능성을 낮게 본다. 이런 사람들과의 교류는 당신의 에너지를 소모하게 하고, 스스로에 대한 의심을 키울 수 있다. 부정적인 의견이나 태도는 도전의 길에서 불필요한 부담이 될 수 있기 때문에,

부정적인 사람들과는 관계를 유지하기보다는 거리를 두고 자신에게 긍정적인 영향을 미칠 수 있는 사람들과 교류하는 것이 좋다.

온라인 네트워크를 활용하라

최근에는 온라인 네트워크도 매우 중요한 자원이 되었다. 물리적인 거리에 구애받지 않고 전 세계의 다양한 사람들과 연결될 수 있는 온라인 플랫폼은 당신의 도전에 큰 도움을 줄 수 있다. 온라인에서는 비슷한 관심사를 가진 사람들과 쉽게 교류할 수 있으며, 그들이 제공하는 조언과 정보는 언제든지 접할 수 있다.

예를 들어, 특정 분야의 전문가나 같은 도전을 하는 사람들과 온라인 커뮤니티에서 만날 수 있으며, 그들을 통해 새로운 지식과 정보를 얻을 수 있다. 이러한 온라인 네트워킹을 통해 도전의 길을 더욱 넓게, 더 많은 기회를 향해 열어둘 수 있다.

이처럼 긍정적인 네트워크는 도전의 성공을 위한 중요한 자산이다. 주변 사람들과의 관계는 당신의 생각과 태도에 직접적인 영향을 미치며, 그들이 제공하는 지지와 격려는 도전을 지속하는 데 필수적이다. 긍정적인 네트워크를 통해 서로 성장하고, 목표를 향해 나아가는 과정은 혼자서 이룰 수 없는 성과를 만들어낼 것이다.

건강 관리에
힘쓰라

건강은 삶의 근본적인 토대다. 아무리 풍족한 자원과 성취가 있다고 하더라도, 건강이 없으면 그 모든 것이 무의미해질 수 있다. 건강을 유지하는 것은 단순히 장수의 문제가 아니라, 질 높은 삶을 살아가는 데 필수적이다. 건강이 좋을 때 우리는 더 많은 에너지를 가지고, 더 많은 것을 이루며, 더 많은 사람과 긍정적인 관계를 맺을 수 있다. 건강은 삶의 질을 좌우하는 핵심 요소임을 명심해야 한다.

균형 잡힌 식사는 건강을 유지하는 데 가장 기본적이면서도 중요한 요소다. 우리가 섭취하는 음식은 에너지원일 뿐만 아니라 신체의 모든 세포와 장기 기능을 유지하는 데 중요한 역할을 한다. 잘못된 식습관은 비만, 당뇨병, 고혈압 등 각종 질병을 유발할 수 있으며, 이러한 질병들은 개인의 삶의 질을 저하할 뿐만 아니라, 장기적인 목표 달성에도 큰 걸림돌이 된다.

운동은 건강을 유지하는 데 필수적이다. 규칙적인 운동은 신체의 에너지를 증진하고, 뇌 기능을 활성화하며, 스트레스를 줄이는 데 큰 효과를 가져온다.

수면은 신체 회복과 정신적 안정을 위해 필수적이다. 수면 부족은 면역력 저하, 집중력 감소, 심리적 스트레스 증가, 기억력 감소 등의 부작용을 초래할 수 있다.

정신적 건강은 신체적 건강만큼 중요하다. 스트레스와 불안은 신체적 건강에도 악영향을 미칠 수 있다. 정신적 건강을 관리하기 위해 스트레스 관리, 취미 활동을 고려해보자.

정기적인 건강 검진은 질병을 조기에 발견하고 예방하는 데 도움이 된다. 정기적인 검진을 통해 자신의 건강 상태를 파악하고, 필요한 조처를 할 수 있다. 주요 검진 항목으로는 혈압, 혈당, 콜레스테롤 수치, 암 검진 등이 있다. 검진을 통해 조기 발견과 치료가 이루어질 수 있다.

건강 관리는 단기적인 노력이 아니다. 그것은 지속해서 실천해야 하는 과정이다. 균형 잡힌 식사, 정기적인 운동, 충분한 수면, 정신적 건강 관리, 정기적인 건강 검진, 건강 목표 설정과 실천은 모두 건강을 유지하는 데 중요한 요소다. 꾸준한 노력과 실천을 통해 건강을 지키고, 삶의 질을 향상할 수 있다. 건강은 삶의 기초이며, 이를 지키기 위해 지속해서 노력하는 것이 중요하다.

내 경우, 바쁜 일정 속에서도 건강을 위해 매일 아침 일정 시간을 운동에 할애하고 있다. 특히 계단을 오르내리며 하체 근력을 강화하고 있으며, 식단은 과일과 채소를 중심으로 구성해 균형 잡힌 영양을 섭취하고 있다. 또한 숙면하기 위해 매일 7시간 이상 잠을 자려고 노력하고 있다.

신앙을
가져라

삶은 언제나 거친 바다와 같다. 파도는 끝없이 몰아치고, 우리는 그 속에서 방향을 잃거나 앞으로 나아갈 힘을 잃을 때가 있다. 이럴 때 우리가 의지할 수 있는 것은 눈에 보이지 않는 어떤 힘, 바로 신앙이다. 신앙은 삶을 이끄는 나침반이자, 도전과 역경 속에서 우리를 버티게 만드는 원천이다.

신앙은 나침반이다

우리는 끊임없는 도전 속에 살아가며, 크고 작은 어려움들과 불확실한 미래에 직면한다. 이럴 때 방향을 잃지 않기 위해서는 신앙이 필요하다. 신앙은 우리에게 삶의 목적과 방향을 알려준다. 왜이 길을 걷고 있는지, 무엇을 위해 싸우는지에 대한 답을 준다. 삶이 우리를 흔들어 혼란스럽게 할 때, 신앙은 우리에게 길을 잃지 않도록 돕는 나침반과도 같다.

신앙은 견딜 힘을 준다

도전은 결코 쉽게 이루어지지 않는다. 때로는 실패와 좌절이 반복된다. 삶의 벽 앞에서 쉽게 포기하고 싶은 순간이 찾아오지만, 신앙이 있는 사람은 그 벽을 넘어설 힘을 얻게 된다. 신앙은 우리에게 인내할 힘을 준다. 고통의 순간에도 우리를 지탱하게 만들고, 끝까지 싸울 용기를 준다.

신앙은 우리에게 고통이 일시적이라는 것을 일깨운다. 그것은 우리가 직면한 고통과 어려움이 결국 지나갈 것이며, 그 끝에는 무엇인가 더 나은 것이 기다리고 있다는 믿음을 준다. 이러한 믿음은 우리를 더 강하게 만들고, 더 멀리 나아가게 한다.

신앙은 흔들리지 않는 힘이다

신앙은 단순한 믿음 그 이상이다. 그것은 우리를 흔들리지 않게 하는 힘이자, 도전 앞에서 인내할 수 있게 하는 원천이다. 신앙을 통해 우리는 인간의 한계를 넘어설 수 있게 하며, 끝까지 싸울 수 있도록 만든다. 우리는 도전과 역경 속에서 스스로 지탱하는 신앙을 가져야 한다. 그것이야말로 삶을 계속해서 나아가게 하는 가장 큰 힘이다.

나는 9가구가 함께 사는 다가구주택에 살고 있다. 대부분 세입자는 오래 머무는 사람들이었다. 그런데 2013년이 되면서 세입자 중 3가구의 계약이 만료되었고, 그해 전세가 잘 나가지 않아 정말 큰 어려움에 부닥치게 되었다. 11월까지 전세금을 돌려주지 못하면 경매에 넘겨질 위기였다.

봄부터 가을까지 전세금을 돌려주기 위해 가족과 친지들에게 돈을 빌리려 했지만, 금액이 너무 커서 쉽게 해결되지 않았다. 그런데 11월이 되자 정말 기적처럼 3가구 모두 새로운 전세 계약이 성사되었다. 덕분에 전세금을 무사히 돌려주고 경매 위기에서도 벗어날 수 있었다.

그 순간, 나는 하나님의 손길을 깊이 느꼈다. 그리고 그제야 깨달았다. 실패와 고난조차도 나를 더 나은 방향으로 이끄시는 하나님의 섭리였다는 것을. 그 이후로 도전은 더 이상 두려운 일이 아니라, 하나님의 은혜와 평강을 경험하는 기회로 다가왔다.

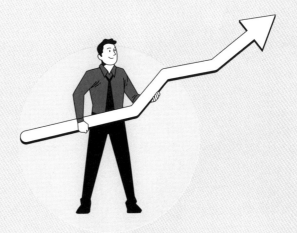

PART 07

도전의
달콤한 열매들

＊

　도전의 여정에서 우리는 수많은 달콤한 열매를 맛보게 된다. 이러한 경험은 개인의 역량을 확장하고, 삶의 방향을 변화시키는 데 중요한 역할을 한다. 도전을 통해 자신을 깊이 이해하게 되고, 성취감을 느끼며 자아를 실현하는 기회를 얻는다. 이 과정은 자신감과 자존감을 높여주어 앞으로의 도전에 더 강한 마음가짐으로 임하게 한다.

　또한 도전은 다양한 사람들과의 만남을 가능하게 한다. 새로운 인맥을 형성하고, 그들과의 관계를 통해 다양한 관점을 배우며 성장할 수 있다. 이처럼 인생의 많은 기회를 누리게 되면서, 긍정적인 변화가 삶에 찾아온다. 도전의 결과가 실패로 이어질 수 있지만, 그 과정에서 배운 것들이 결국 우리의 삶의 질을 향상하며 행복을 느끼게 만든다.

　마지막으로, 개인의 도전은 사회에도 긍정적인 영향을 미친다. 자기 경험과 지식을 통해 타인에게 도움을 주고, 더 나은 사회를 만드는 데 기여하게 된다. 이렇게 도전은 단순히 개인의 성장에 그치지 않고, 공동체와 사회에 긍정적인 변화를 끌어내는 중요한 요소가 된다. 도전의 달콤한 열매는 우리에게 무한한 가능성과 희망을 안겨주며, 앞으로의 길을 더욱 밝게 비춰준다.

도전의
본질과 중요성

　도전은 인간의 본성을 자극하는 힘이다. 삶은 단순히 흘러가는 시간의 연속이 아니다. 그것은 각 개인이 직면하고, 선택하며, 극복해야 하는 수많은 도전으로 구성된 여정이다. 도전이란 단순히 무엇인가를 시도하는 것이 아니다. 그것은 자기 능력을 시험하고, 이미 익숙한 세계를 벗어나 새로운 영역으로 발을 내딛는 것을 의미한다.

　도전은 단순히 새로운 것을 시도하는 것을 넘어, 우리 삶의 방향을 바꾸고 성장을 끌어내는 강력한 힘이다. 익숙한 일상을 벗어나 미지의 영역으로 발을 내딛는 것은 용기가 있어야 하는 일이지만, 동시에 우리의 잠재력을 발휘하고 삶의 의미를 찾는 중요한 과정이다.

모든 도전에는 불확실성이 따른다. 그러나 불확실성은 위험이 아닌 기회로 볼 수 있다. 기회의 문이 열리는 순간이다. 우리가 도전을 마주할 때마다, 우리는 자신이 예상치 못했던 능력을 발견하게 된다. 도전은 성장의 촉매제다. 고통스럽고 때로는 두려움에 휩싸이기도 하지만, 그 끝에는 항상 더 나은 자신이 기다리고 있다.

도전은 성공만을 보장하는 것이 아니다. 오히려 도전의 과정에서 실패는 필연적으로 따라온다. 그러나 실패는 끝이 아니라 배움의 기회다. 실패를 두려워하지 않고, 실패로부터 교훈을 얻는 것이야말로 도전의 본질 중 하나다. 실패를 통해 우리는 자신의 약점을 파악하고, 더 나은 전략과 계획을 세워 다시 도전할 수 있다.

도전의 본질은 자기 극복에 있다. 그것은 우리가 현재의 자신을 넘어서는 힘을 준다. 새로운 기술을 배우는 것, 모험적인 여행을 떠나는 것, 또는 감정적으로 어려운 상황에 직면하는 것 모두가 도전이다. 이 과정에서 우리는 한계를 인식하고, 그 한계를 넘어서는 방법을 모색하게 된다. 도전은 우리의 잠재력을 발휘하게 만드는 중요한 요소로, 그 가치는 우리의 삶을 더욱 풍부하고 의미 있게 만든다.

도전은 고통스러울 수도 있지만, 시련의 끝자락에서 얻는 승리가 값지다. 도전이 없다면, 우리는 한 발자국도 나아가지 못한 채, 삶의 허무한 평화 속에 갇혀 있을 것이다. 도전의 본질은 결국 우리가 더 큰 것을 추구하도록 만든다.

모든 성장과 발전은 도전에서 시작된다. 도전 없이는 진정한 성장은 없다. 도전은 단순히 목표를 달성하는 것을 넘어서, 삶의 의미와 가치를 발견하게 한다. 도전을 통해 우리는 자신이 가진 잠재력을 발휘하고, 더 나은 자신을 만들어가는 과정을 경험하게 된다. 도전의 끝에서 우리는 달콤한 열매를 맛볼 수 있다. 도전은 우리에게 주어진 삶의 아름다움을 경험하게 해주며, 그 열매는 우리가 도전한 모든 순간을 의미 있게 만들어준다.

도전은 삶을 더욱 풍요롭고 의미 있게 만드는 가장 강력한 원동력이다. 두려움을 극복하고, 끊임없이 새로운 것에 도전하는 삶은 우리에게 성장과 행복을 가져다줄 것이다. 오늘부터 작은 도전부터 시작해서 더 나은 미래를 만들어 나가도록 하자.

두려움을
이겨내는 용기

두려움의 극복

두려움은 도전의 그림자이자, 우리 삶의 지속적인 동반자다. 아무리 사소한 도전이라도 그 뒤에는 늘 두려움이 존재한다. 실패할지 모른다는 생각, 타인이 나를 어떻게 볼지에 대한 걱정, 그리고 미지의 세계에 대한 불안감이 우리를 주저하게 만든다. 하지만 두려움은 우리의 적이 아니다. 오히려 그것은 우리가 극복해야 할 대상이며, 우리가 더 강해질 수 있는 기회다. 성공한 사람들의 공통점 중 하나는 그들이 실패를 두려워하지 않고, 실패로부터 배우며 더 나아졌다는 것이다.

두려움을 극복하는 과정에서 우리는 작은 승리를 경험하는 것이 중요하다. 처음에는 그 승리가 미미해 보일 수 있다. 그러나 그 작은 승리들이 쌓이면, 결국 두려움이 우리를 지배할 수 없다는 것을 깨닫게 된다. 두려움을 극복할 때마다 우리는 자신이 예상했던 것보다 훨씬 더 큰 잠재력을 가지고 있음을 알게 된다. 그것이 바로 도전이 주는 가장 큰 선물 중 하나다. 두려움을 극복하고 나면, 우리는 더 이상 과거의 자신이 아니다. 더 강하고, 더 자신감 있는 사람으로 변모하게 된다.

두려움은 싸워야 할 적이 아니라, 우리가 더욱 강해지기 위한 촉매제다. 그 두려움을 직시하고 맞서는 과정에서 우리는 스스로 한계를 뛰어넘는 법을 배운다. 두려움을 극복하는 과정에서 우리는 자신이 어떤 존재인지, 그리고 얼마나 강한지를 새롭게 깨닫게 된다.

두려움을 극복하는 데 있어 중요한 것은 두려움의 감정을 수용하고, 이를 긍정적인 힘으로 변환하는 것이다. 두려움이 주저하게 만드는 순간, 우리는 그 두려움을 나의 일부로 인정하고, 그것을 극복하는 방법을 모색해야 한다. 이를 통해 우리는 스스로 성장과 변화를 경험하게 된다. 두려움의 감정을 통제할 수 있게 되면, 우리는 더 이상 그에 얽매이지 않게 된다.

용기

용기는 두려움이 없는 상태가 아니다. 용기란 두려움을 인식하면서도 앞으로 나아가는 것이다. 용기는 두려움을 극복하기 위한 첫걸음이다. 두려움이 우리를 뒤로 끌어당길 때, 용기는 그 줄을 끊고 앞으로 나아가는 힘을 준다. 두려움을 직면하는 것은 불편할 수 있다. 하지만 그 불편함 속에서 우리는 자신이 얼마나 강한지를 발견하게 된다.

용기는 우리의 삶에 많은 긍정적인 영향을 미친다. 두려움을 극복함으로써 우리는 새로운 기회를 잡을 수 있게 된다. 또한 용기는 자존감과 자신감을 높이는 데 기여한다. 사람들에게도 영감을 주고, 그들 역시 두려움에 맞서도록 돕는다.

결국, 두려움을 극복하고 용기를 내는 것은 삶의 핵심적인 요소 중 하나다. 용기는 나 자신을 믿고, 내가 할 수 있는 모든 것을 시도하도록 이끌어준다. 이러한 용기가 결국 우리의 삶을 변화시키고, 우리의 미래를 결정짓는 중요한 열쇠가 된다. 우리는 두려움이라는 벽을 넘어, 자신이 원하던 목표와 꿈을 이룰 수 있는 기회를 얻게 된다. 용기는 단순히 감정이 아닌, 행동으로 이어져야 하며, 이는 우리를 더 강하게 하고, 더 넓은 세상을 만나는 데 도움을 준

다. 두려움과 용기, 그 두 가지는 인생의 중요한 동반자이며, 우리
는 그들 사이에서 성장하고 발전한다.

실패에서 배우는
교훈

우리는 모두 실패를 두려워하지만, 그것은 인생의 가장 귀중한 스승 중 하나다. 실패는 불가피하다. 아무리 잘 준비하고 계획하더라도, 예기치 못한 상황이나 오류가 발생할 수 있다. 중요한 것은 그것을 어떻게 받아들이고 활용하느냐에 따라 인생이 달라질 수 있다는 점이다.

실패는 두려움을 직면하게 만든다. 처음에 실패는 고통스럽고 좌절감을 준다. 그러나 그 실패의 경험이 쌓여가면서, 우리는 그 안에서 강해지는 법을 배우게 된다. 실패는 단순한 패배가 아니라, 더 나은 방법을 모색하게 만드는 촉매제 역할을 한다. 실패를 올바르게 활용하는 사람은 그 경험을 통해 더욱 강해진다. 실패에서 배운 교훈은 성공의 발판이 되며, 앞으로의 도전에 더 잘 대비할 수 있게 해준다.

실패를 두려워하지 말고, 긍정적으로 받아들이는 것이 중요하다. 실패를 자기 성장의 기회로 삼자. 실패는 우리가 어떤 점에서 부족했는지를 깨닫게 하고, 그것을 보완할 수 있는 기회를 제공한다. 실패를 경험한 사람만이 진정한 성공을 이룰 수 있으며, 그 성공의 가치는 실패를 통해 얻은 교훈과 그로 인해 쌓인 인내에서 비롯된다.

실패는 또한 우리에게 회복력과 인내의 중요성을 가르친다. 삶은 순탄치 않으며, 도전이 있을 때마다 실패가 동반되는 경우가 많다. 이러한 상황 속에서 포기하지 않고 다시 도전하는 태도가 필수적이다. 실패를 경험하며 우리는 더 나은 자신을 만들어가는 과정을 겪게 된다. 이 과정에서 쌓인 경험과 지혜는 이후의 도전에서도 큰 자산이 된다.

작은 도전의
중요성

모든 큰 성취는 작은 도전에서 시작된다. 작은 도전은 대단히 중요한 역할을 하며, 그것들이 모여 큰 성공을 이루는 초석이 된다. 흔히 사람들은 대단한 목표만을 추구하려고 하지만, 그 목표를 이루는 과정은 작은 도전들이 모여서 이루어지는 것이다. 작은 도전은 우리가 큰 목표를 향해 나아갈 때 필요한 경험과 자신감을 제공하며, 성공의 기초가 된다.

작은 도전은 우리에게 중요한 여러 가지 교훈을 준다.

첫째, 작은 도전은 실패의 위험이 상대적으로 낮으므로 큰 실패의 두려움 없이 시작할 수 있는 기회를 준다. 이를 통해 우리는 작은 성공을 경험할 수 있고, 이는 더 큰 도전에 나설 수 있는 용기와 자신감을 얻게 한다. 작은 도전을 통해 쌓아 올린 자신감은 큰 목표를 추구할 때 중요한 자원이 된다.

둘째, 작은 도전은 경험을 통해 점진적인 성공의 기반을 마련해 준다. 작은 성공들은 성공의 경험이 되며, 이는 다시 더 큰 목표를 설정하는 데 기여한다. 예를 들어, 소규모 프로젝트를 성공적으로 수행한 경험은 향후 더 복잡한 프로젝트에 도전할 때 자신감을 북돋아 준다. 이러한 단계적인 접근은 장기적으로 우리의 역량을 확장하는 데 필수적이다.

셋째, 작은 도전은 긍정적인 사고방식을 기르는 데 도움을 준다. 작은 도전에서의 성공은 우리가 목표를 향해 나아가고 있다고 느끼게 하며, 이는 우리의 전반적인 태도에 긍정적인 영향을 미친다. 매일의 작은 목표를 달성하는 과정에서 우리는 자주 긍정적인 피드백을 받을 수 있으며, 이는 우리의 자기 효능감을 높이는 데 크게 기여한다.

마지막으로, 작은 도전들은 실패에 대한 두려움을 줄여준다. 작은 실패는 큰 실패를 방지하는 데 도움을 주며, 이를 통해 우리는 실패의 의미를 재조명하게 된다. 실패가 꼭 부정적인 것만은 아니라는 사실을 깨닫게 되면, 우리는 더욱 자유롭게 도전할 수 있는 환경을 만들게 된다. 이는 장기적으로 우리의 성장을 촉진하는 데 큰 역할을 한다.

결국, 작은 도전들은 큰 목표를 향한 길을 열어주는 중요한 요소다. 이들은 우리가 목표를 달성하는 데 필요한 경험과 자신감을 제공하며, 단계적인 접근을 통해 점차 큰 성취를 이루게 된다. 작은 도전들이 모여 큰 성공을 이루는 과정은 체계적이고 전략적인 접근의 결과임을 깨닫는 것이 중요하다. 이러한 인식을 통해 우리는 작은 도전의 중요성을 이해하고, 이를 효과적으로 활용해 큰 목표를 달성할 수 있다.

작은 도전들은 우리의 삶을 풍부하게 만들어주는 요소일 뿐만 아니라, 우리가 인생의 다양한 어려움에 맞설 수 있도록 준비시키는 중요한 기회이기도 하다. 작은 도전을 꾸준히 이어가는 것이 결국 큰 성공으로 이어질 것임을 기억하며, 앞으로도 끊임없이 작은 도전을 통해 성장해 나가야 한다.

도전이 주는
성취감과 만족

성취는 도전의 끝자락에서 기다리고 있는 가장 달콤한 열매다. 성공의 기쁨은 단순히 목표를 달성한 것에서 오는 것이 아니라, 그 과정에서 겪은 어려움과 인내의 결과로 더욱 값지게 느껴진다. 성공의 달콤함은 그 자체로 많은 것을 의미하지만, 그 뒤에는 수많은 노력과 실패가 함께 했다는 것을 기억해야 한다. 따라서 성취는 단순한 결과물이 아니라, 긴 여정을 통해 얻은 귀중한 경험이기도 하다.

성취는 단지 목표를 달성하는 것이 아니다. 그것은 그 목표를 이루기 위해 쌓아온 과정과 노력, 그리고 그 과정에서 얻은 배움과 성장을 포함한다. 성공의 기쁨은 우리가 그 목표를 이루기 위해 겪은 어려움, 도전, 실패에서 비롯된 것이며, 이러한 경험이 우리가 성공을 더욱 소중하게 여기게 만든다.

　성취의 순간은 우리에게 큰 자신감을 주며, 이는 다음 도전에 대한 긍정적인 태도를 형성하게 한다. 성공의 첫 경험은 미래의 도전에 대한 우리의 신념을 강화하고, 앞으로 나아갈 수 있는 동기를 부여한다. 하지만 이 성공이 단순히 운이 좋았기 때문이 아니라, 지속적인 노력과 인내의 결과임을 인식하는 것이 중요하다. 성공은 결코 우연의 결과가 아니며, 이를 위해 우리는 많은 시간과 에너지를 투자했음을 잊지 말아야 한다.

　성취의 진정한 의미는 그 과정에서 얻은 배움과 성장에 있다. 성공을 통해 우리는 자신이 이룬 것 이상의 것을 얻으며, 그 경험이 우리를 더 강하게 만든다. 성공은 목표를 넘어서, 그 과정에서의 성취감과 자부심을 가져다준다. 이처럼 성취의 달콤함은 단순한 결과가 아니라, 그 과정에서 얻은 모든 교훈과 경험이 결합한 결과임을 깨닫는 것이 중요하다.

　성취의 달콤함은 단순히 목표를 달성한 결과로서가 아니라, 그 목표를 향해 나아가는 과정에서 얻은 모든 교훈과 성장의 결실임을 깨닫는 것이 중요하다. 성공은 그 자체로 완성된 결과가 아니라, 지속적인 노력과 인내, 그리고 그 과정에서 얻은 모든 교훈이

합쳐져 이루어진 성취의 복합적인 결과인 것이다. 우리가 목표를 향해 나아가는 여정은 그 자체로 의미가 있으며, 이러한 과정에서 우리는 성장하게 된다.

도전의 성취감과 만족감은 인생을 풍요롭고 의미 있게 만드는 중요한 요소다. 도전은 우리가 진정으로 원하는 것을 찾게 하고, 그 과정을 통해 얻는 성취와 만족감은 인생의 핵심적인 기쁨을 제공한다. 성취감은 목표를 이루는 것뿐만 아니라, 그 과정에서의 성장과 발전, 사회적 인정에서 비롯된다. 작은 성공의 경험은 우리에게 자신감을 주고, 이는 다시 더 큰 목표를 설정하는 데 기여한다.

결국, 도전의 성취감과 만족감은 우리가 인생을 살아가는 데 있어 매우 중요한 요소이며, 이를 통해 우리는 더욱 풍요롭고 의미 있는 삶을 영위할 수 있다. 도전을 두려워하지 말고, 그 과정을 통해 얻은 경험과 배움을 소중히 여겨야 한다. 이러한 인식을 통해 우리는 계속해서 도전을 추구하고, 각 도전의 성취에서 얻는 만족감을 통해 삶의 질을 향상하는 데 기여할 수 있다.

도전의
지속성과 인내

도전은 단순한 시작이 아닌, 끊임없이 이어지는 여정이다. 이 여정은 순간적인 열정이나 일시적인 노력으로는 완주할 수 없다. 성공적인 도전을 위해서는 끈기와 인내라는 강력한 동반자가 필요하다. 도전의 길은 늘 예상보다 길고, 험난한 고비를 수없이 마주하게 된다. 하지만 이러한 어려움 속에서 우리는 성장하고, 더 단단해질 수 있는 기회를 얻는다.

도전의 과정에서 우리는 여러 번의 실패와 어려움을 겪으며, 많은 것을 배우게 된다. 이 여정을 끝까지 버텨내는 것이 진정한 도전의 핵심이다. 성공을 향한 여정에서 중요한 것은 중도에 포기하지 않는 힘이며, 끊임없이 도전하는 태도다.

끈기는 도전을 성공으로 이끄는 가장 중요한 요소다. 성공한 사람들은 대부분 어려움에 굴하지 않고 끊임없이 목표를 향해 나아가는 강한 끈기를 지니고 있다. 이들은 어려움을 견디며, 실패에 굴복하지 않고 지속해서 목표를 향해 나아간다. 헨리 포드(Henry Ford)는 자동차 산업의 선구자로서, 그의 성공 뒤에는 무수히 많은 실패와 좌절이 있었다. 그는 자동차를 대중화하려는 목표를 가지고, 수많은 기술적 문제와 자금난을 극복해 나갔다. 그의 끈기와 지속적인 도전이 없었다면, 오늘날의 자동차 산업의 발전은 어려웠을 것이다.

도전의 지속성을 유지하는 것은 끈기와 인내를 요구한다. 이는 단순히 목표를 달성하기 위해 노력하는 것 이상의 의미가 있다. 끈기는 우리에게 계속해서 나아갈 용기를 주며, 실패와 좌절을 넘어서는 힘을 제공한다. 우리가 도전의 과정에서 겪는 어려움은 단순한 장애물이 아니다. 그것은 우리가 성장하고, 강해질 수 있는 기회를 제공하는 시험대다. 우리는 끈기를 통해 이러한 어려움을 극복하고, 더욱 단단해질 수 있다.

도전의 지속성과 끈기를 유지하는 것은 스스로 한계를 넘어서려는 마음가짐에서 비롯된다. 자신의 목표와 비전을 명확히 하고, 그에 맞는 계획을 세우는 것이 중요하다. 우리가 도전을 지속할 수 있을 때, 우리는 단지 목표를 이루는 것이 아니라, 자신이 생각했던 것보다 더 큰 잠재력을 발휘할 수 있음을 깨닫게 된다. 도전의 지속성과 끈기는 결국 우리를 더 강한 사람으로 만들며, 새로운 목표를 향해 나아갈 힘을 준다.

도전의 여정에서 중요한 것은 바로 작은 승리를 통해 동기 부여를 유지하는 것이다. 우리는 끊임없이 큰 목표를 생각하며 전진해야 하지만, 그 과정에서 작은 목표들을 달성하는 것이 우리의 끈기와 지속성을 유지하는 데 필수적이다. 작은 목표를 달성할 때마다 우리는 자신감을 얻고, 그 성취감을 통해 더 큰 목표를 향해 나아갈 힘을 얻게 된다. 이를 통해 우리는 도전의 과정에서 지치지 않고 계속해서 앞으로 나아갈 수 있다.

도전의 길은 쉽지 않지만, 그 길을 끝까지 걸어가는 사람은 반드시 보상을 얻게 된다. 끊임없이 자신을 시험하고, 한계를 넘어서려는 노력은 결국 우리의 삶을 더욱 풍요롭게 만들어준다. 도전의 지속성과 끈기를 통해 우리는 스스로 잠재력을 발견하고, 더 나아가 그 잠재력을 실현할 수 있다. 이 여정에서 중요한 것은 포기하지 않는 마음이며, 끈기와 인내로 우리의 목표를 끝까지 추구하는 것이다.

도전이 가져오는
변화

도전과 변화는 서로 깊게 얽혀 있으며, 두 요소는 상호보완적으로 작용해 개인의 삶을 풍부하게 만든다. 이 두 요소는 마치 씨앗과 새싹처럼, 하나가 다른 하나를 낳고 키우는 관계를 형성한다. 도전은 변화의 촉매제가 되고, 변화는 새로운 도전의 발판이 된다. 이러한 순환적 관계 속에서 우리는 끊임없이 성장하고 진화하며, 더 나은 자아를 향해 나아간다. 도전은 단지 목표를 이루기 위한 수단이 아니라, 우리 자신을 변화시키는 중요한 동력이다.

외적 변화

도전이 가져오는 변화는 두 가지로 나눌 수 있다.

첫 번째는 외적 변화다. 외적 변화는 도전하는 과정에서 우리가 새로운 환경, 지식, 기술을 접하면서 나타난다. 예를 들어, 기업가가 새로운 사업을 시작할 때, 그 과정에서 새로운 시장을 분석하고, 기술을 습득하며, 자신의 경영 능력을 재발견하게 된다. 이는 단순히 새로운 지식을 배우는 것을 넘어, 스스로 역할과 능력에 대한 새로운 인식을 불러온다. 이러한 외적 변화는 우리를 더 높은 수준의 능력자로 변화시키며, 더 큰 도전과 기회를 맞이하게 한다.

또한, 외적 변화는 새로운 기회를 창출하는 데 중요한 역할을 한다. 도전을 통해 우리는 새로운 상황과 마주하게 되고, 이는 이전에는 상상하지 못했던 새로운 가능성으로 이어진다. 예를 들어, 한 사람이 기존의 직장에서 새로운 프로젝트를 맡게 되었을 때, 그 프로젝트를 성공적으로 마무리하면서 그는 자신의 역량을 확장하고, 더 높은 자리나 새로운 업무 기회를 얻을 수 있다. 도전은 이처럼 외적 변화를 통해 우리에게 더 넓은 세상을 보여주고, 새로운 기회를 창출하는 강력한 도구가 된다.

내적 변화

두 번째는 내적 변화다. 도전이 가져오는 가장 심오한 변화로 우리의 내면에서 일어난다. 등반가가 높은 산을 오르며 겪는 것은 단순한 신체적 한계 극복이 아니다. 그는 두려움과 마주하고, 인내를 배우며, 자신의 한계가 생각보다 훨씬 멀리 있다는 것을 깨닫는다. 이러한 내적 변화는 마치 오래된 지도에 새로운 영토를 그리는 것과 같다. 우리는 도전을 통해 자신의 내면세계를 확장하고, 이전에는 보지 못했던 가능성의 땅을 발견한다.

또한 내적 변화는 우리가 세상을 바라보는 시각과 자신을 대하는 태도에도 큰 영향을 미친다. 도전을 통해 얻는 경험은 우리의 사고방식을 넓히고, 더 깊이 있는 삶의 의미를 깨닫게 만든다. 이는 단순히 성공을 추구하는 것을 넘어, 삶 그 자체를 풍부하게 만드는 경험으로 이어진다. 내적 변화는 도전의 과정에서 자연스럽게 이루어지며, 우리는 그 변화를 통해 자신과 세상을 바라보는 눈이 달라진다.

도전과 변화의 상호작용

도전과 변화는 서로 떼어놓을 수 없는 관계를 형성한다. 도전은 변화를 촉진하며, 변화는 도전의 결과로 나타난다. 도전은 변화를 위한 중요한 동력이 되며, 변화는 우리가 더 높은 목표를 향해 나아갈 수 있는 발판이 된다. 이 두 요소는 상호작용하면서 서로를 강화하는 경향이 있다. 우리가 하나의 도전에 성공하면, 그 경험은 새로운 변화로 이어지고, 그 변화는 다시 새로운 도전을 불러일으킨다.

도전과 변화를 통한 성장

결국, 도전과 변화는 우리의 삶을 풍부하고 의미 있게 만들어준다. 도전을 통해 우리는 새로운 기술을 배우고, 새로운 관점을 얻게 되며, 그 과정에서 성장을 경험한다. 외적 변화는 우리의 환경과 상황을 변화시키고, 내적 변화는 우리의 사고방식과 가치관을 확장한다. 이러한 변화는 우리의 삶을 더 깊이 있게 만들고, 우리 자신이 더 나은 방향으로 발전할 수 있도록 도와준다. 도전은 우리를 계속해서 성장하게 만들고, 변화는 우리가 새로운 도전을 받아들일 수 있는 준비를 할 수 있도록 한다.

결국, 도전과 변화는 서로 떼려야 뗄 수 없는 관계를 형성하고 있다. 도전은 변화를 촉진하며, 변화는 도전의 결과로 나타난다. 이 둘은 상호작용하며 서로를 강화하는 관계를 유지한다. 우리는 이를 통해 새로운 가능성을 발견하고, 성장할 수 있는 기회를 얻게 된다. 도전과 변화는 우리의 삶을 더욱 풍부하고 의미 있게 만들어주며, 우리는 그 과정을 통해 더 나은 자신으로 발전해 나가게 된다.

도전을 받아들이고, 변화를 두려워하지 않는 태도가 중요하다. 이 두 요소는 우리의 성장과 발전에 필수적이며, 그 과정을 통해 우리는 더 많은 가능성을 탐험하고, 더 넓은 세상으로 나아갈 수 있다.

도전과 변화는 우리 삶의 필수 불가결한 요소다. 변화를 두려워하지 않고 도전을 기꺼이 받아들이는 자세는, 우리를 더 풍요롭고 의미 있는 삶으로 이끈다. 우리는 각자의 속도로, 각자의 방식으로 도전하고 변화하며 성장해야 한다.

도전은 우리를 움직이게 하는 엔진이며, 변화는 그 움직임이 만들어내는 새로운 풍경이다. 이 두 가지 요소의 조화로운 상호작용 속에서, 우리는 진정한 자아를 발견하고, 삶의 깊이와 넓이를 확장해 나간다.

도전이
인생에 주는 의미

인생은 우리에게 끊임없는 선택의 순간을 던져준다. 그중에서도 가장 큰 선택은 바로 도전할 것인가, 현실에 안주할 것인가다. 도전은 단순히 새로운 일에 뛰어드는 것이 아니다. 그것은 자신의 한계를 시험하고, 미지의 세계로 발걸음을 내딛는 용기 있는 결정이다. 우리는 이러한 도전을 통해 진정한 자아를 발견하고, 삶의 깊은 의미를 깨닫게 된다.

우리는 종종 안전지대에 머물러 있기를 선택한다. 변화를 두려워하고, 실패를 피하려 한다. 하지만 인생의 가장 아름다운 순간들은 바로 그 두려움을 뛰어넘을 때 찾아온다. 한 발짝 내딛는 그 순간, 우리의 세계는 무한히 넓어지고, 우리가 미처 몰랐던 가능성이 펼쳐진다.

인생에서 가장 후회되는 것은 도전하지 않은 것이다. 우리는 실패를 두려워하지만, 진정 두려워해야 할 것은 도전조차 하지 않은 채 시간을 보내는 것이다. 도전의 끝에서 우리를 기다리는 것은 성공이 아닐 수도 있다. 하지만 그 과정에서 우리는 반드시 성장하고, 변화하며, 더 나은 자신을 만나게 된다.

도전은 우리의 삶을 풍요롭게 하고, 인생의 진정한 의미를 찾게 만드는 중요한 과정이다. 도전은 단순히 목표를 달성하는 데 그치지 않으며, 그 과정에서 배우는 것들, 성장하는 경험들이 인생의 의미를 더욱 풍부하게 만든다. 우리가 경험하는 도전은 삶의 여러 측면에서 다양한 방식으로 나타나며, 이는 우리를 계속해서 나아가게 하는 동력이 된다. 도전은 일상의 틀을 깨고, 새로운 시각과 경험을 통해 자신을 발견하게 해주는 계기가 된다.

인생의 의미를 찾는 과정에서 도전은 필수적인 역할을 한다. 많은 사람은 자기 삶이 단조로워질 때, 새로운 도전을 통해 그 의미를 다시 찾고자 한다. 도전은 우리가 안주하고 있던 익숙한 일상에서 벗어나, 새로운 경험을 통해 자신을 재발견하게 한다. 이는 단순히 외적인 변화를 넘어서, 우리 내면의 변화를 끌어내며, 존재 이유를 찾는 중요한 과정으로 작용한다.

도전의 과정에서 우리는 내적인 성찰을 경험하게 된다. 특히 큰 도전에 직면할 때, 우리는 자신의 한계를 시험받고, 그 한계를 뛰어넘으려는 과정에서 내면의 변화를 겪는다. 이러한 내적 변화는 우리 스스로 다시 돌아보게 하고, 삶에서 진정으로 중요한 것이 무엇인지 깨닫게 한다. 도전은 단순히 성공과 실패의 결과에 얽매이는 것이 아니라, 그 과정에서 우리 자신을 깊이 이해하고, 더 나은 사람으로 성장하게 한다.

인생의 의미는 종종 우리가 새로운 도전에 직면했을 때 더욱 분명하게 드러난다. 우리는 도전의 과정에서 많은 것을 배운다. 실패를 통해 배우고, 어려움을 극복하는 경험에서 강해진다. 이는 우리의 내면을 더욱 성숙하게 만들며, 그로 인해 인생의 의미를 더 깊이 있게 이해할 수 있게 된다.

성장은 도전의 결과로 나타나는 중요한 요소다. 도전은 때때로 실패와 좌절을 동반하지만, 그 과정에서 우리는 더욱 단단해진다. 실패는 끝이 아니라 또 다른 시작을 의미하며, 우리는 실패에서 얻은 경험을 토대로 새로운 도전을 이어 나갈 수 있다. 실패는 성공을 위한 발판이 될 수 있으며, 이를 통해 우리는 더 강한 자신으로 변화할 수 있다. 도전의 과정을 통해 얻게 되는 성장은 우리를 더 성숙하게 만들고, 그 성숙함은 인생의 의미를 더 깊게 이해하게 만든다.

결국, 도전은 우리의 인생에 깊이와 의미를 더하는 중요한 과정이다. 도전은 단순히 목표를 달성하기 위한 것이 아니라, 그 과정에서 얻는 배움과 성장이 우리의 삶을 더욱 풍부하고 의미 있게 만든다. 도전을 통해 우리는 자신을 발견하고, 인생의 목적을 찾게 되며, 이는 우리에게 더 나은 삶을 살아갈 힘을 준다.

도전은 우리에게 인생의 진정한 의미를 깨닫게 하며, 그 과정에서 얻게 되는 교훈은 평생 우리에게 중요한 자산이 된다. 도전과 성장은 서로 떼려야 뗄 수 없는 관계를 형성하며, 우리는 그 과정을 통해 인생의 깊이를 이해하고, 더 나은 자신으로 발전해 나갈 수 있다.

인생은 한 번뿐이다. 우리에게 주어진 시간은 한정되어 있고, 되돌릴 수 없다. 그렇기에 더욱, 우리는 도전해야 한다. 실패를 두려워하지 말고, 변화를 피하지 말아야 한다. 도전의 과정에서 느끼는 두려움, 불안, 그리고 때로는 좌절까지도, 모두가 우리를 성장시키는 소중한 경험이 된다.

한 작은 씨앗이 단단한 땅을 뚫고 나와 꽃을 피우듯, 우리도 도전을 통해 자신만의 꽃을 피울 수 있다. 그 꽃이 어떤 모습일지, 얼마나 아름다울지는 아무도 모른다. 하지만 분명한 것은, 도전하지 않는다면 그 꽃은 영원히 피어나지 못한다는 것이다.

도전을 통한
자기 성장

　도전은 자기 발견의 과정이다. 인생에서의 도전은 단순한 외부적인 성취를 넘어서, 우리가 누구인지, 무엇을 할 수 있는지, 그리고 무엇을 위해 살아가는지에 대한 깊은 통찰을 제공한다. 도전을 통해 우리는 자기 능력과 한계를 깨닫고, 이를 바탕으로 더 나은 자신을 만들어갈 수 있다. 도전은 우리가 가진 잠재력을 끌어내고, 자신에 대한 새로운 인식을 얻게 되는 중요한 과정이다.

　도전은 우리의 강점과 약점을 명확히 드러낸다. 사람들은 도전을 맞이할 때 자신의 강점과 약점을 발견하게 되며, 이를 통해 자신에 대해 더욱 깊이 이해할 수 있게 된다. 예를 들어, 새로운 직무에 도전하거나 새로운 기술을 배우는 과정에서 우리는 자신이 어떤 분야에서 뛰어난지, 그리고 어떤 부분에서 더 큰 노력이 필요한

지를 명확하게 알게 된다. 이와 같은 과정은 단순히 직무적 성취를 넘어서, 자신에 대한 더 깊은 이해를 제공하며, 앞으로의 성장 방향을 설정하는 데 중요한 역할을 한다.

자기 발견은 특히 어려운 도전 속에서 더욱 명확해진다. 도전은 우리의 잠재력을 끌어내는 중요한 역할을 하며, 우리가 스스로 어떻게 평가하는지에 대한 깊은 통찰을 제공한다. 도전의 과정에서 우리는 자신이 어떤 사람인지, 어떤 환경에서 더 잘 적응하고 성장하는지를 파악하게 된다. 이는 단지 외부의 성취에 그치지 않고, 우리 내면에 대한 새로운 발견을 의미한다. 이러한 자기 발견은 스스로 재정의하는 계기를 제공하며, 우리의 미래에 대한 새로운 방향을 제시한다.

도전은 우리의 한계를 넘어서게 한다. 우리는 누구나 자신만의 한계를 가지고 있다. 하지만 도전은 이러한 한계를 극복하고 더 높은 목표를 향해 나아갈 수 있도록 용기를 준다. 어려움에 직면했을 때 포기하지 않고 끊임없이 노력하는 과정을 통해 우리는 자신의 가능성을 뛰어넘는 경험을 하게 된다.

실패를 통한 자기 발견

도전의 과정에서 실패는 피할 수 없는 일이다. 하지만 실패는 단순히 실패로 끝나는 것이 아니라, 더 큰 성공을 위한 발판이 될 수 있다. 실패를 통해 우리는 무엇이 잘못되었는지, 어떤 부분을 개선해야 하는지를 깨닫고, 다음 도전을 위한 교훈을 얻을 수 있다. 실패를 두려워하기보다는, 실패를 통해 배우고 성장하는 자세가 필요하다.

도전은 성공만큼이나 실패를 통해서도 큰 가르침을 준다. 실패는 우리에게 자신을 더 깊이 들여다볼 기회를 제공하며, 이를 통해 우리는 자신의 한계와 대응 방식을 명확하게 알 수 있게 된다. 실패는 자아 성찰의 귀중한 기회다. 우리는 실패했을 때 스스로 감정, 사고, 행동을 관찰하게 되며, 그 경험을 통해 스스로 더욱 잘 이해하게 된다. 예를 들어, 큰 프로젝트에서 실패했을 때, 그로 인해 느끼는 좌절감이나 반응을 통해 우리는 자신이 어떤 상황에서 약해지는지를 알게 되고, 이를 바탕으로 향후 대처 방식을 개선할 수 있다.

또한, 실패는 우리에게 성장을 위한 중요한 교훈을 제공한다. 실패는 결코 끝이 아니라, 또 다른 시작점이 될 수 있다. 우리는 실패를 통해 무엇이 잘못되었는지, 어떤 부분에서 더 노력이 필요한지를 배우게 되며, 이를 통해 더 나은 자신으로 거듭날 수 있다. 실패는 우리의 인생에서 중요한 자기 발견의 순간이며, 그로 인해 우리는 더욱 강한 존재로 변화할 수 있다. 실패를 통해 우리는 자신이 누구인지, 어떤 방향으로 나아가야 하는지를 명확히 깨닫게 된다.

성공을 통한 자기 발견

성공 또한 자기 발견의 중요한 과정이다. 도전에서 성공을 거두었을 때, 우리는 자신감이라는 강력한 무기를 얻게 된다. 성공을 통해 우리는 자신의 강점을 발견하고, 그 강점을 어떻게 활용할지에 대한 명확한 그림을 그릴 수 있다. 예를 들어, 도전적인 프로젝트를 성공적으로 마쳤을 때, 우리는 자기 능력을 확인하고, 그 성공의 원동력이 무엇이었는지를 분석하게 된다. 이러한 성공의 경험은 우리가 앞으로의 도전에서 더욱 자신감을 가지고 나아갈 수 있도록 돕는다.

도전은 한 번의 경험으로 끝나지 않는다. 끊임없이 반복되는 과정이다. 도전은 우리에게 끊임없이 새로운 경험을 제공하며, 그 과정에서 우리는 스스로 한계를 재발견하고 그 한계를 넘어서려는 노력을 기울이게 된다. 이러한 반복적인 도전은 자기 발견의 과정을 지속시키며, 우리는 그 과정에서 더욱 깊은 통찰을 얻게 된다.

반복적인 도전은 우리에게 자신을 시험할 기회를 제공한다. 한 번의 도전에서 실패했을지라도, 우리는 또 다른 도전을 통해 더 나은 결과를 얻을 수 있다. 이러한 반복적인 도전은 자기 발견의 과정을 강화하며, 우리는 이를 통해 점점 더 나은 자신을 만들어 나갈 수 있다. 우리는 도전을 통해 자기 능력을 극대화하고, 그 과정에서 자신에 대한 새로운 이해를 얻게 된다.

결국, 도전은 자기 발견의 중요한 과정이며, 우리는 도전을 통해 자신을 더욱 깊이 이해하게 된다. 도전은 실패와 성공을 통해 우리의 강점과 약점을 발견하게 만들며, 이를 바탕으로 더 나은 자신을 만들어 나갈 수 있는 기회를 제공한다. 도전은 우리에게 자기 발전의 길을 열어주며, 그 과정을 통해 우리는 스스로 한계를 뛰어넘고, 더 나은 방향으로 나아갈 수 있다.

도전은 단순히 목표를 달성하는 것을 넘어, 우리 자신을 탐구하고 성장시키는 중요한 과정이다. 도전을 통해 우리는 자신의 강점과 약점을 파악하고, 한계를 극복하며, 끊임없이 발전해 나갈 수 있다. 도전은 우리 삶의 동반자이자, 더 나은 미래를 향한 나침반이다.

도전의 시작,
그 끝없는 여정

　도전은 내 삶의 나침반이었다. 내가 걸어온 모든 길에는 작은 발걸음에서 시작된 커다란 도전들이 있었다. 때로는 그 길이 눈에 보이지 않을 만큼 어둡고 험난했지만, 그래도 나는 멈추지 않았다. 왜냐하면 도전의 끝에는 언제나 더 나은 내가 기다리고 있었기 때문이다. 이 책을 통해 나는 여러분에게 묻고 싶다. 지금 이 순간, 당신은 어떤 도전을 마주하고 있는가?

　도전은 우리가 주어진 시간을 어떻게 살아가느냐에 대한 선택이다. 세상은 끊임없이 우리에게 도전의 기회를 제공하며, 그 기회를 붙잡느냐 외면하느냐는 전적으로 우리의 몫이다. 도전을 통해 우리는 단지 목표에 도달하는 것만이 아니라, 그 여정 속에서 진정

한 자신을 만나고, 우리가 살아가야 할 이유를 찾게 된다.

도전은 단순한 성취의 과정이 아니다. 그것은 우리 삶에 깊이를 더해주는 소중한 여정이다. 내가 경험한 도전들은 나를 강하게 만들었고, 실패 속에서도 포기하지 않는 용기를 가르쳐주었다. 이 책은 내가 지나온 수많은 도전과 그 속에서 배운 교훈을 담고 있다. 나는 여러분이 이 책을 읽으며, 삶에서 마주하는 도전의 의미를 새롭게 바라보기를 바란다. 그리고 여러분의 마음속에서 무언가를 시작할 용기가 싹트기를 기대한다.

전에는 내가 도전하고 성취했던 모든 것이 나의 노력과 능력 덕분이라고 생각했다. 2013년 전까지만 해도 말이다. 하지만 2013년 11월, 가장 힘들었던 순간에 나는 하나님께서 나를 이끄시는 손길을 온전히 느끼게 되었다. 그제야 깨달았다. 내가 지나온

길, 그 모든 도전의 순간들조차도 하나님의 계획 속에서 이루어진 것이었음을. 실패와 고난조차도 나를 더 나은 방향으로 이끌기 위한 하나님의 섭리였다는 것을 알게 된 후, 도전은 더 이상 두렵지 않은 여정이 되었다. 왜냐하면 그 여정 속에서 항상 하나님의 은혜와 평강을 경험하기 때문이다.

이제 나는 그 도전의 길에 여러분을 초대하고 싶다. 우리 인생에 주어진 수많은 기회 중 어떤 것을 선택할 것인가? 그 선택은 여러분의 몫이다. 때로는 두렵고, 때로는 불확실할 수 있지만, 용기를 내어 도전하는 순간, 여러분의 삶은 이전과는 전혀 다른 빛을 발하게 될 것이다. 내가 그랬던 것처럼, 여러분 역시 그 도전 속에서 새로운 자신을 만나고, 삶의 진정한 의미를 발견하게 되기를 소망한다.

　도전의 길은 끝없는 여정이다. 나의 이야기가 당신의 가슴에 작은 불씨라도 지필 수 있기를 기도한다. 그리고 그 불씨가 당신만의 빛나는 별이 되어, 또 다른 이들에게 희망이 되기를 소망한다. 그 길을 함께 걷는 여러분에게 축복과 영감을 나누고 싶다. 우리가 함께 내딛는 이 첫걸음이, 여러분의 인생을 더 풍요롭고 의미 있게 만들어주기를 진심으로 기도한다.

참고문헌

• 국도형, 《First Branding》, RISE, 2022.
• 김경록, 《60년대생이 온다》, 비아북, 2024.
• 김주환, 《회복탄력성》, 위즈덤하우스, 2019.
• 앤절라 더크워스, 《GRIT》, 비즈니스북스, 2019.

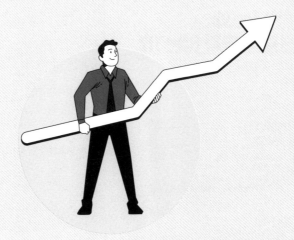

73세인 나는 왜 도전을 멈추지 않는가?

제1판 1쇄 2024년 12월 16일

지은이 김재윤
펴낸이 한성주
펴낸곳 ㈜두드림미디어
책임편집 배성분
디자인 김진나(nah1052@naver.com)

㈜두드림미디어
등 록 2015년 3월 25일(제2022-000009호)
주 소 서울시 강서구 공항대로 219, 620호, 621호
전 화 02)333-3577
팩 스 02)6455-3477
이메일 dodreamedia@naver.com(원고 투고 및 출판 관련 문의)
카 페 https://cafe.naver.com/dodreamedia

ISBN 979-11-94223-39-9 (03190)